問題発見力を鍛える

細谷 功

講談社現代新書

2580

はじめに

　一連の新型コロナウィルスに関する問題は私たちの根本的な価値観や行動様式を一変させました。

　物理空間からバーチャル空間へ、人間同士の密な関係を疎な関係へ、シェアリングエコノミーを「他人が触ったものは極力触らないようにする」といった形へと大きく変えつつあります。

　ウィルスの拡大防止の上で「諸悪の根源」とされた「三密」（密閉、密集、密接）。その忌避は、ある意味で人類が推進してきた生活様式を真っ向から否定するものでした。２０２０年７月現在で、一部で収束しつつある新型コロナ問題はこのような振り子の振れを再度元の方向に戻す動きもあるものの、完全に元に戻るところまではいかないでしょう。

　都市化による密集や、オフィスワーク、お店での飲食や会話による密接という行動様式は完全に破壊されてしまったとも言えます。

このような衝撃は戦争や自然災害など、局地的には数年に一度といった形で起こっていました。これまでの歴史上の疫病に関しても世界の大部分に波及したものはあったかも知れませんが、ここまで世界同時発生的に人々の価値観を一斉に変えてしまったものはなかったといってもよいでしょう。

これを加速したのがグローバル化とデジタル化の進展でした。

特にデジタル化は新型コロナ騒動の前に急激に進展していたもので、たとえばスマートフォンの普及は、本や音楽、ゲームはもとより、旅行代理店にカメラや電話といった「ありとあらゆるもの」をデジタル化し、それがビジネスの特性を根本から見直させる動きとなりました。

必要な能力が一変した

このようなデジタル化を始めとする急激な変化による不確実性の増加は「VUCAの時代」（VUCA《ブーカ》＝Volatility 変動性、Uncertainty 不確実性、Complexity 複雑性、Ambiguity 曖昧性）という言葉に代表される「先の読めない時代」への問題提起をしました。このＶＵＣＡの時代の集大成とも言えるのが、今回の新型コロナウィルスの世界への直撃だったわけです。

これによって私たちはまさに「一寸先は闇」であることを身をもって体感しました。確かにこのＣＯＶＩＤ－19の騒動は、いずれ時間とともに収束するかも知れませんが、ウィルスはまた新たに姿を変えて私たちを襲ってくるであろうこともまた容易に予想されます。

ところが本当に私たちが予期すべき「次の波」は、またしても「予想もしていなかった不測の事態」であり、そのようなことがいつ起きても対応できる心の準備をしておく必要があるということが今回の騒動から学べる教訓になります。

次の波は「コンピュータウィルスによるデジタル世界の混乱」かも知れないし、「サイバー戦争による秩序の崩壊」かも知れません。本当に予期すべき不確実性は「予期していないことが起きうる」ことだけです。

このような時代の心の準備とは何か？

それに対する解のひとつが本書のテーマである「問題発見力」です。

安定している時代にはある程度問題はわかっているので、それを解決する能力が重要ですが、不確実性が上がれば上がるほど、「そもそも何が問題なのか?」を考える能力が重要になってきます。

ところが従来の教育や価値観では「すでにある問題の解決」が重視され、問題解決型の職業が尊ばれてきているために、日本の社会には、問題を発見することが解決することに比べると不得意な人が圧倒的に多いのです。

不確実性が高い時代には「与えられた問題を上手に解く」のではなく、問題が与えられたら「そもそもこれは解くべき問題なのか?」と疑ってかかり、「解くべき問題はこちらである」と逆提案する能力が重要です。

本書はそのためのヒントを提供することを達成目標とします。

絶好のチャンス

問題を発見するために最も重要なこと、まずは自分には見えていないものの方が多いのだという「無知の知」の自覚です。それによって安易に与えられた問題を信じないことで思考回路を起動します。本書では問題とは身の回りの事象や私たちの頭の中に生じている何等かの「歪み」であり「ギャップ」であり、それを「変数で記述すること」であるという定義とします。

たとえば問題とは、変化している現実と昔から変わっていないルール（「ハンコ」が最もわかりやすい例と言えるでしょう）との間に生じた歪みであり、そこに生じる「歪んだ現実」と「あるべき理想像」とのギャップです。

これを解決するために「法律や規制」「会社のルール」に加えて具体的には世の中に広まっている「紙の書式」や人々の頭の中にある「ハンコがなければ公式文書として認められないという誤解」を切り替えていくといった具体的に変えるべきものが「変数」ということになります。

問題とはあくまでも私たちの事象のとらえ方であり、「時代の変化」は旧来のもののとらえ方と現実との間にギャップを生み出し、それが問題となります。

それゆえにVUCAの時代は次から次へと私たちに新たな問題を突き付けてくる

のです。

それに気づけるかどうかは私たちのものの見方とそこからどう考えるかにかかっています。

「問題」とはネガティブにとらえられがちかも知れませんが、うまい解決策を見つけることですべて新しい機会に変わっていきます。ＶＵＣＡの時代や新型コロナ危機というのは、問題発見力がある人にとっては限りない機会を次から次へと提供してくれる絶好のチャンスだということです。

人類を進化させるのは誰か

新型コロナ危機に関する大きな変化を強制的に迎えることで、この差ははっきりと分かれました。

「ハンコ」や「何が何でもオフィスで仲間と顔を突き合わせて仕事をする」といった旧来の「幻想」が崩れつつある状況でもあくまでもそれに目をつぶって「嵐が通り過ぎるのを待つ」人もいれば、そこから生じたさまざまな現実とルールや人々の価値観とのギャップを見つけてそれを解消するために動き出した人もいます。

短期的には「目を背ける人」が優勢になっても、長期的には歪みを解消していくことで問題に取り組んでいく人が人類を進化させて大きな歴史の流れを作っていくことは明白です。


このような新たな問題発見への取り組みを実践するための手法として、本書はこれまで私自身が著述家として一貫して取り組んできた「思考法」「ものの考え方」「発想法」に関する内容を「問題発見」という切り口でまとめたものです。

これまでの著作で述べてきた「具体と抽象」「無知の知」「Ｗｈｙ型思考」「アナロジー思考」「メタ認知」といった考え方を、問題発見という場面やものの見方でどのように活用すればよいのか、「利用場面」の方向からの集大成といった位置づけになっています。

これまでの著作を読んだことがある方は、切り口を変えた復習という位置づけで、本書が初めてという方は思考法や発想法の全体像を一つの応用場面から押さえてもらえればと思います。

本書によってより多くの方々が変革期における問題発見力を身に付け、「変革後」を描く力を手にすることができれば本書の目的は達成されたことになるでしょう。

2020年7月　細谷功

目次

第3章 問題発見とは新しい「変数」を考えること 87

第4章 「ギャップ」に問題発見のヒントあり 115

第5章 「具体と抽象」を駆使して自分の頭で考える 143

第1章

なぜ問題発見力が問われる時代になったのか

1　VUCAの時代に必要な「問題発見力」を高める思考回路とは

デジタル革命のインパクト

デジタル革命は私たちの生活を大きく変えました。その代表選手としてのスマートフォンの流行の先駆けとなったiPhoneが発売されてから約13年が経ちました。日々の生活ではその変化に気づきにくいものの、たとえば「15年前」と現在を比べてみれば、私たちの生活がいかに「スマホ中心」になっているかが改めて認識できると思います。

電車の中でふと周りを見渡せば、ほとんどの人が（新聞ではなく）スマホに目をやり、買い物やさまざまな予約は店舗に行かずに「いつでもどこでも」スマホで済ませることができるようになりました。

また、「お茶の間の風景」もテレビを中心として家族が集まる「1対N」の関係から、各自が自分のスマホやタブレットのコンテンツを見る「N対Nの関係」へと変化しています。
このような変化は、**ビジネスのやり方や考え方もこれまで日本が圧倒的な優位性を築いてきた「ものづくり」中心の考え方を根本的に変化させる必要性へとつながっています。**

もう一つのデジタル革命のインパクトとして挙げられるのがＡＩやロボットの飛躍的発展です。人間のさまざまな仕事がＡＩやロボットで代替することが可能になっています。そのような技術革新を背景として、今後10年から20年で仕事のやり方は大きく変化することになるでしょうが、具体的にどうなっていくかは技術の進化やそれに対する人間の考え方次第であり、予想が困難です。

このように変化が大きく先の予測が難しい時代はＶＵＣＡ＝Volatility（変動性）、Uncertainty（不確実性）、Complexity（複雑性）、Ambiguity（曖昧性）の時代と言われています。そのような時代には必要となる人間のスキルも大きく変化します。

このような動きを改めて実感させてくれたのが新型コロナ危機に関する一連の生活の変化です。ＶＵＣＡの時代にいかに考えるかについて、これ以上の「実践演習問題」はなかったといえるでしょう。

「座して（文字通り外に出ずに）、嵐が通り過ぎるのを待って昔通りの生活が戻るのを望むのか、予想もしていないポジティブな将来像を発想して新たな取り組みに転ずるか」。前者が過去の知識と経験を全てとして一切の変化を拒む姿勢で、後者がVUCAを絶好の飛躍の機会ととらえて能動的に動く姿勢です。

必ずしもどちらが正しいかはわかりませんが、本書が役に立つのは明確に後者の姿勢の読者に対してです（そもそも前者の人たちは本書を手に取っていないはずですので、必然的にターゲットはそうなります）。

その大きな側面の一つが「問題解決から問題発見へ」です。

問題発見→問題解決のプロセスと重要性のシフト

なぜそのような変化が必要になるのかを説明する上で、問題発見から問題解決に至るプロセスについて整理しておきましょう。

ここでいう「問題」というのは、資格試験や入学試験などの試験問題のようなものもちろんですが、日々の仕事や生活で直面する以下のような解決すべき課題のことを表現しています。

・顧客の潜在ニーズから新製品やサービスを開発する
・新しいテクノロジー（AIやドローン等）の仕事への活用方法を考える
・組織や集団で誤解の少ないコミュニケーションを実現する
・世界的な環境やエネルギー問題を解決するための手段を考える
・職場の仕事の効率を上げ、従業員のモチベーションを上げるための働き方を考える

このような「問題」を解決していくためには、まずは**問題そのものを適切な形で発見して定義する必要があります。つまり、問題解決の前にはその発見と定義があり、そこで初めて問題解決が可能になります。**

したがって広義の問題解決のプロセスは、次ページの図1に示すように問題発見→問題解決というステップになります。

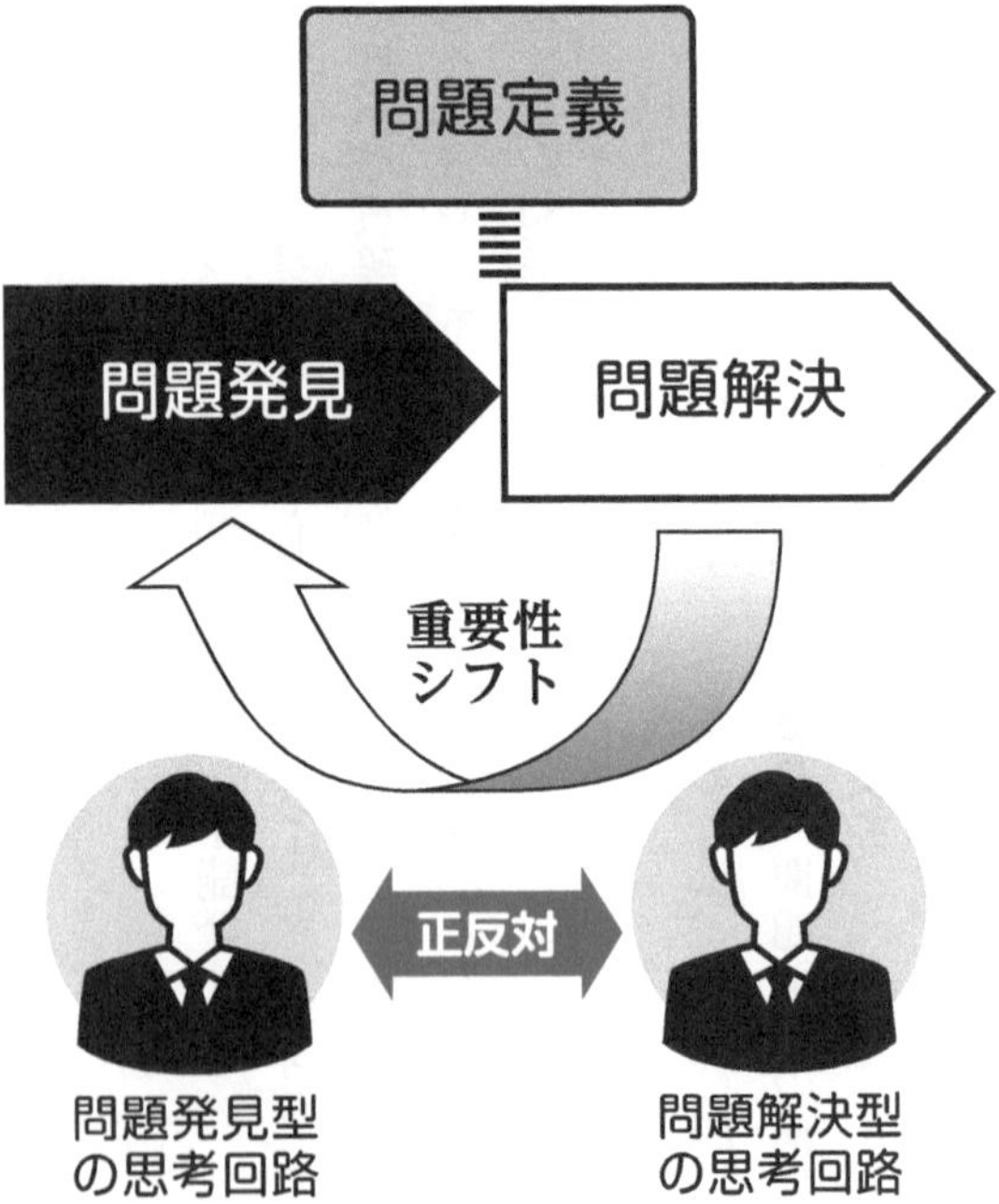

図1　問題発見→問題解決のプロセス
問題解決から問題発見に重要性がシフト、必要とされる思考回路が正反対となった

まず問題発見というのは、身の回りの具体的な事象の観察から解決すべき問題を見つけ出すことで、それを実際に解くべき問題として定義するところまでが問題発見で、これが終わり問題が明確に定義されたポイントからその後工程としての問題解決が始まります。

ここで重要なのは、先にお話しした時代の変化やＡＩの発展に伴って、その重要性が川下側の問題解決から川上側の問題発見にシフトしてきていることです。**今後重要性が高まっていくのは、「与えられた問題を解く」ことから「自ら能動的に問題を発見する」こと**になります。

顧客から、上司から、あるいは親会社から与えられた問題を速く正確に解くことが教育でも会社でも求められた時代は終わりました。

問題が明確に定義できて、大量のデータがある世界ではＡＩやロボットでも（むしろその方が）問題解決は得意だと言えますから、ますますそのシフトは加速していくことになるでしょう。

問題解決と問題発見は正反対

このように、今後は問題解決から問題発見にその重要性がシフトしていくのですが、ここでのポイントは、問題発見という、いわば「川上」側のプロセスと問題解決という「川下」側のプロセスではある意味で全く逆の思考回路が必要になることです（図2）。

たとえば、問題＝ある「枠の中」で勝負するのか、（いろいろな意味で）枠を破ったり枠の外まで考えたうえで新たに「枠」を定義しなおすのか。そのために視点を発散させる方向を重視するのか、収束する方向を重視するのか。アウトプットが「答え」なのか、「問い」なのか。抽象化を重視するのか、具体化を重視するのか。How（実現手段）が重要なのか、Why（そもそもなぜ？）が重要なのか。正解がある世界なのか、正解はない世界なのか。「知っていること」が起点になるのか、「知らないこと」が起点になるのか、といった違いです。

次節以降、さらに問題発見の重要性やその方法について個別に論じていきます。

まずはデジタル革命等による「時代の変化」と問題発見の重要性の変化について

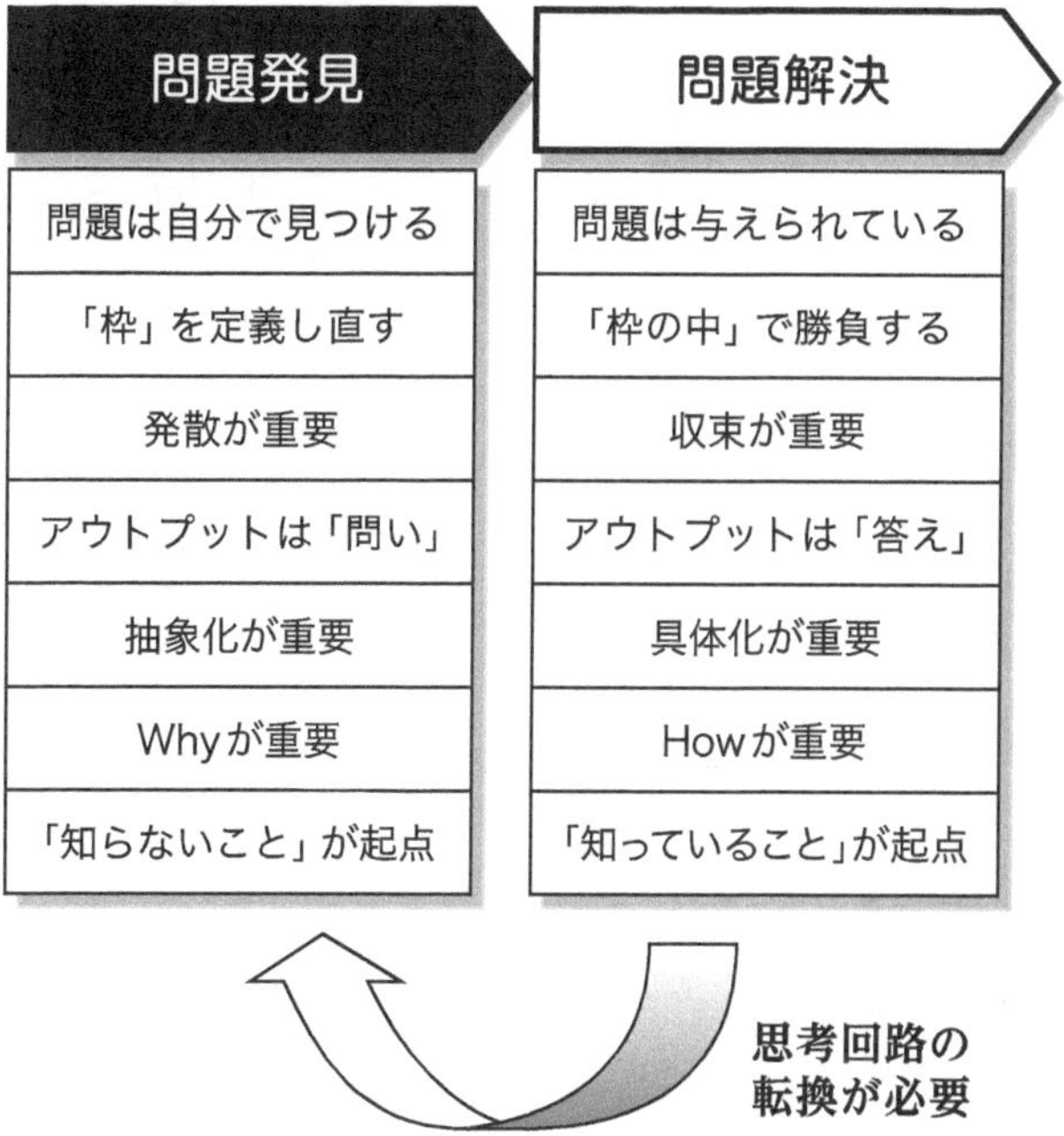

問題発見	問題解決
問題は自分で見つける	問題は与えられている
「枠」を定義し直す	「枠の中」で勝負する
発散が重要	収束が重要
アウトプットは「問い」	アウトプットは「答え」
抽象化が重要	具体化が重要
Whyが重要	Howが重要
「知らないこと」が起点	「知っていること」が起点

転換が必要

図2　問題発見と問題解決の思考回路の違い

従来の問題解決型の思考回路を、正反対に転換しないと問題発見はできない

見ていきます。皆さんの身の回りで、「与えられた問題を解く」こと以上に「自分で問題を発見する」ことが重要になったことはないでしょうか？

いままで「問題を与えてくれた人」（顧客、上司、親会社等）から「何か考えて提案して」と言われる場面が多くなっているとすればそれはなぜでしょうか？

まずはその辺りから「問題を発見」してみてください。

2 「獲物」を見つける力が必要な時代に真っ先に考えるべきこと

問題は「与えられる」から「自ら探しに行く」に

前節では、ＶＵＣＡの時代（Volatility、Uncertainty、Complexity、Ambiguity）には、重要性が問題解決から問題発見にシフトしていくことをお話ししました。

まずは最後になげかけた問いである**「いままで『問題を与えてくれた人』（顧客、**

上司、親会社等）から『何か考えて提案して』と言われる場面が多くなっているとすればそれはなぜでしょうか？」について考えてみましょう。

まずはこういうたとえ話からいきましょう。

山における狩りでも、海における漁のようなものでもよい、何か獲物をたくさん取りたいときに大事なことは何でしょうか？

大きく2通りの状況が想定されます。

一つ目は、獲物が十分いる場合です。この場合に大事なことは、「いかにうまく獲物を取るか」になります。つまり見えるところに獲物はたくさんいるわけですから、あとはそれをいかに効率的に最低限の労力でつかまえるかが成功のキーとなります。

続いてもう一つの状況というのは、獲物が十分にいない場合です。この場合は、**そもそもまずは「獲物がいる場所を探す」ことの方が重要になります。**

もうおわかりでしょう。前者が問題解決がより重要な場面で、後者が問題発見がより重要な場面ということです。

ここまでの話を、前節でお話ししたVUCAの時代と結び付ければ、VUCAの時代とは「獲物のいる場所を探すことから始めなければならない時代」と言えるでしょう。

変化が激しいということは、獲物の位置が流動的だということです。獲物の現在地を特定するための情報も少なく、確実に獲物を捕まえることが難しくなってきたことがいまの時代の特徴です。

比較的時代が安定している時には、ビジネスにおいても仕事の流れがある程度定型化されているために、だまっていれば仕事が流れてきます。そのような場合に重要なことは、決められた仕事をいかに効率的に数多くさばくかになります。

ところが変化が激しく、不確実性が高い環境下においては、非定型な仕事も多くなり、なにより仕事そのものがだまっていても降ってくるわけではなく、自分なりに探しに行く必要が出てくるのです。

ここで本節冒頭の問いにもどりましょう。

顧客との関係も、定常的な関係においては毎年毎月同じような発注がくるような環境から、**ビジネス環境が大きく変わることで変化が生じています。顧客自身も何**

をどうやって頼んでよいのかがわからないために、だまっていても注文が自動的に入ってくることはありません。

VUCAの時代には「曖昧な依頼」が増える

たとえば情報システムを例にとりましょう。定常状態では、ある程度システムの基本的な設計が変わらずに毎年一定のメンテナンスや機能拡張などが行われるために、仕事そのものを発掘しなくてもある意味自動的に仕事は入ってきました。

これはそもそもその情報システムが支えているビジネスモデルや基盤となるテクノロジーに大きな変化があまりないが故のことです。

ところが、クラウド化やIoTが進んだり、AＩ導入によるビッグデータの活用が必要とされる「第四次産業革命」の時代になると、そもそも**顧客は「顧客の顧客」のニーズ変化を読み取った上で、どのようなビジネスを実現するのか、それをサポートするためにどのような情報システムが必要になるのかを考えなければなりません。**

また自社のインフラも全く新しいアーキテクチャーを用いて再構築する必要があ

り、そのためには全く新しい哲学、つまり思考回路が必要になります。

そこで困った顧客は情報システムのサプライヤに対して、（それまではある程度定常的に仕事を発注していたのに）**「何か良いシステムを提案して」というように仕事を曖昧な形で依頼することも増えてきます。**これがＶＵＣＡの時代において問題発見が必要になってくる理由です。

「言われたことを忠実にこなす」だけの時代は終わった

同様の構図は、親会社と子会社の関係や関係会社間での仕事の受発注にも当てはまります。

系列や親子関係によって、「自動的に仕事が流れて」いて、良くも悪くも「定期的に仕事を回してもらう代わりに言われた通りにやる」というスタイルが崩れて、発注側のスタンスも「他から仕事を取ってもよい代わりに提案内容次第では発注しないかも知れない」と変化していきます。

いままで何十年も「仕事をもらうのが当たり前なので、あとはいかにその成果物の品質を上げるか?」という問題解決型の課題に慣れた人たちには、このような「曖昧な」依頼がつかみどころのないものに見えてしまいます。

このような理由によって、それまで受託開発を基本としてきたシステムベンダーが「顧客課題解決型」「提案型」「コンサルティング型」に移行しようとしても「頭でわかっていても体がついていかない」という状況になるのです。

同様の構図をミクロで考えれば、組織の中の上司と部下の関係も変化してきます。単に「言われたことを忠実にこなす」のではなく、**上司のニーズを理解した上で「頼まれてもいないこと」(でもそのニーズに合ったこと)、そして「先進事例(=誰かが既にやったこと)から学ぶ」のではなく、「誰もやっていないことを考える」ことを能動的に提案していく姿勢が部下には求められる**のです。

このような時代には「言われたことを忠実に実行する」ことを至上命題にしてきた人たちは対応できなくなります。まさに自分から能動的に獲物を探しに行くことが求められてくるのです。

「腰を落ち着ける」か「キョロキョロしながら動き回る」か

前節でお話しした、「問題解決と問題発見では思考回路が異なる」ことも、先の「獲物のアナロジー」から何となくイメージをつかんでもらえるのではないかと思います。

単純な話、獲物を捕まえるのと探すのとでは、「腰の落ち着け方」が全く逆だというのが最もわかりやすいでしょう。獲物を捕まえるとなったら、あまり気まぐれに動き回るよりは、一ヵ所に腰を落ち着けて獲物をじっくりと待つのが得策です。あとは、タイミングと勢いが重要となるでしょう。

ところが**獲物を見つけるとなれば、一定の場所に落ち着いているよりはまずはランダムに動き回ることが重要になる**と思います。これだけでも両者が真逆の行動パターンになるイメージが湧くでしょう（これが25ページの図2における発散重視と収束重視の違いのイメージです）。

この他にも、獲物を捕まえるスキルがある程度「あてにできる」のに対して、獲物を探すのは「運次第」の側面があるのも問題解決と問題発見の違いに通ずるものがあります。

問題解決では、勝ちパターンがあったり、失敗にも必ず原因があったりという形で、成功も失敗も因果関係が明確であるのに対して、問題発見の段階ではある程度確率論の世界で、「やってみなければわからない」要素が相対的に大きいことも根本的な発想の違いとして挙げられます。

このような環境変化を背景として、多くの会社が先に挙げたＩＴ業界のように、「物売り」「ソリューション売り」という売り手側の視点から、「顧客課題解決」（実は本書の言葉でいえば「顧客課題発見」）の視点に移行しようとしていますが、なかなかその転換が図れていません。その大きな原因の一つが、このような根本的な思考回路の転換を図れていないことにあります。

思考回路の転換というのは、スマホやＰＣの世界にたとえるなら、単に「問題発見」というアプリケーションを追加すればよいのではなく、そもそもこれまでやってきた「問題解決」というアプリケーションとは、寄って立つＯＳそのものを入れ替えなければいけないというレベルの話なのです。

これまでと同じ問題解決用のOSの上で問題発見のアプリを走らせると、時として全く逆方向に「暴走」し始める可能性があります。

本書の目的は単に皆さんの頭の中のアプリを一つ増やすことではなく、頭のOSをもう一つ持って、それらを状況に応じて使い分けていただくことなのです。

ではこの「問題発見」と「問題解決」のうち、昨今発展が著しいAIが得意とするのはどちらでしょうか？　また、それはどういう点においてでしょうか？

次節ではこれらの違いをAI等の技術の進化と関連させて考えたいと思います。

3　なぜAI時代に問題発見の重要性が増すのか？

「与えられた問題」ならAIが得意

前節の最後の問いかけ、「AIは問題解決と問題発見のどちらが得意か？　それはなぜか？」について解説します。

もちろん本書の趣旨から、当然**「ＡＩは問題解決が得意で、問題発見は不得意である」**ことはなかば自明のことと言えるでしょう。ここでは改めてその理由を問題解決と問題発見が根本的に持っているその性質から考えてみましょう。

現在のＡＩ技術が最も得意とするのは、「明確に定義された問題に対する最も適当な答えを膨大なデータ（ビッグデータ）から推論する」ことです。最もわかりやすい事例が、ＡＩの進化として象徴的に語られている囲碁ソフトのアルファ碁やさらにそれが進化したアルファ碁ゼロです。

一世代前のＡＩでは「問題と答えを全て人間の専門家の知識から覚えさせる」ことで問題解決を図っていました。したがって、そこでは「教えていないことはできない」という、ある意味当たり前の能力の限界がありました。いかに専門家とはいえ、人間のレベルに収まることは言うまでもありません。

ところが**ディープラーニング技術をベースとした現在のＡＩに必要なインプット**

は「問題と答え」ではなく「問題とビッグデータ（による学習）」になります。

その膨大なデータからパターン認識をして最善の答えを導き出すために、「人間が教えていない答え」をも導き出すことが可能になりました。膨大なデータが入手可能で、そこからある程度のパターンが導き出せる世界においては無類の強さを発揮することになります。

IoTや5G技術の進展に伴って、蓄積されるデータがこれまで以上に飛躍的に増大していく今後のデジタル環境を考えると、このような世界はさらに広がっていくことは間違いありません。さらに問題解決におけるAIの出番が広がるというわけです。

AIにできないのは「問題そのものを見つけること」

このような違いを始めとして、AIが得意なことと不得意なことを比較すると左の図3のようになります。

いまのAIに求められているのは「与えられた問題の答えを導く」という問題解

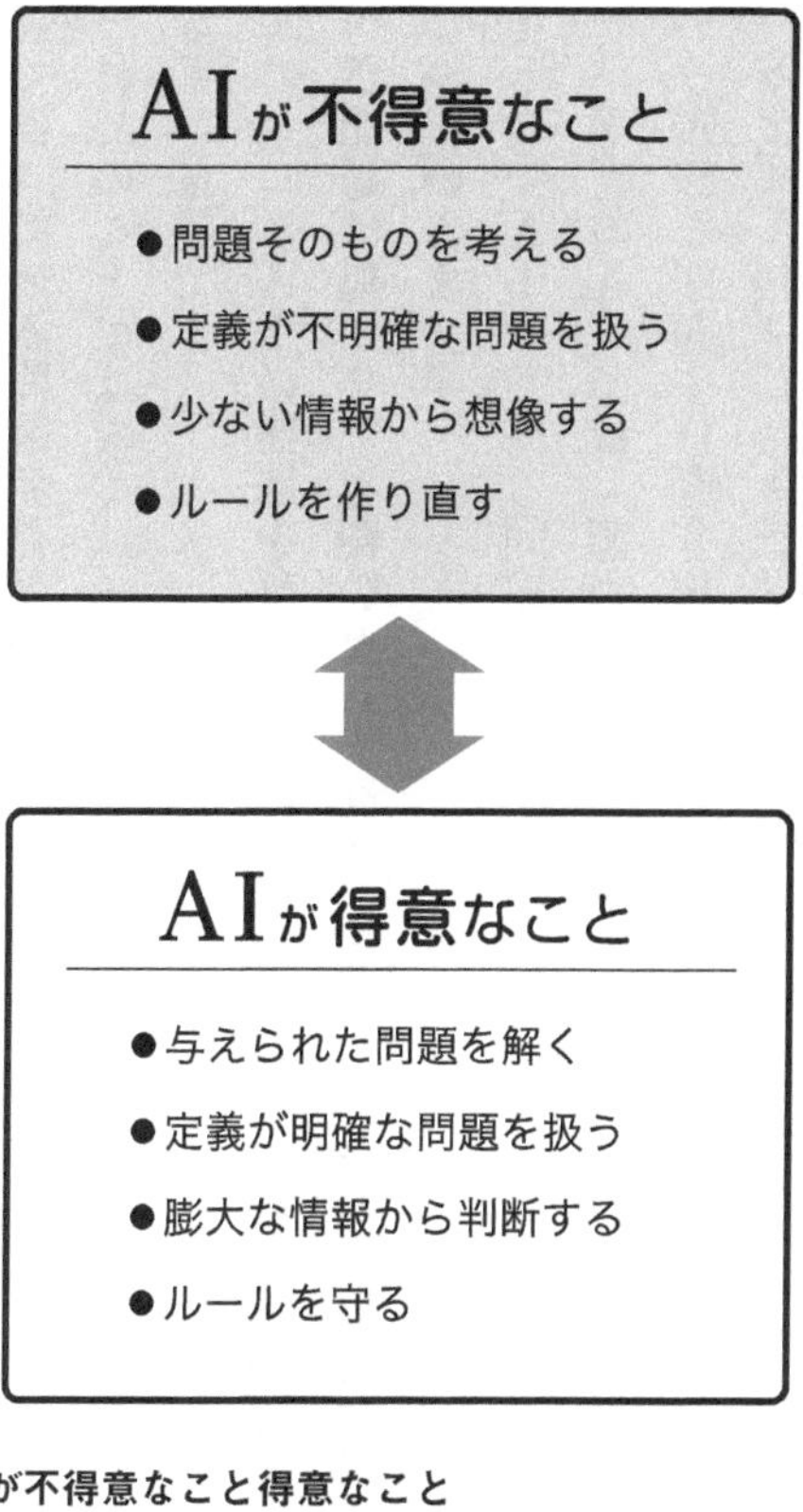
AIが不得意なこと
●問題そのものを考える
●定義が不明確な問題を扱う
●少ない情報から想像する
●ルールを作り直す
AIが得意なこと
●与えられた問題を解く
●定義が明確な問題を扱う
●膨大な情報から判断する
●ルールを守る

図3　AIが不得意なこと得意なこと
決められたルールを守り問題を解く能力では、
人間はAIにかなわない。問題発見はルールを作り直すことでもあり、まだまだ人間が優っている

決側であって、そもそも問題を見つけてくるのは人間であるという役割分担は比較的明快です（将来的には問題そのものをＡＩが見つけてくるという場面も考えられますが）。

本書で言っている問題発見というのも、「『問題を発見しなさい』という問題」を与えられてのことではなく（それではもはや問題解決です）、「自ら能動的に」問題を見つける点が重要です。

いまのところ**ＡＩに問題を与えるのは人間の役割であり、そのために「そもそも解くべき問題は何か？」を問いとして発する能力、つまり問題発見の能力がより重要になっていきます。**

またそこでＡＩに与える問題は曖昧性を排除した明確なものであることが求められます。現在のＡＩでは「適当にやっといて」とか「いい感じに仕上げといて」などという曖昧な問題では動き出すことができません。

言い方を変えれば、ＡＩに与える問題は明確に「変数」が決められて、それを同じく明確に定義された前提条件の下で最適化するような問題であることが求められます。

さらに同様に、問題を解くための周辺のルール、たとえば法律や組織内の標準プロセス等が明確に決められている世界における問題解決であれば人間よりもＡＩの方が得意であることはこれまでの話から明確です。現状、多くの人が取り組んでいるとも思われるとにかく決められたルールを守る仕事は問題解決型の仕事です。

ここでの**問題発見とは、たとえばそのルールそのものが環境変化によって適切でなくなった場合に「本来ルールがどうあるべきか？」を考えて、新たにルールを作り直す方向にもっていくこと**です。

ＡＩ時代に人間がすべきことは何なのか？

ここまでのお話から、今後人間がやるべきことは明白でしょう。**問題が明確に定義できて、膨大なデータが手に入る領域はＡＩに任せて、人間はさらにその上流の、まだ明示的に語られていない問題を自ら能動的に見つけていくことが重要**になります。

問題さえ明確に定義されてしまえば、あとは人間がやるよりむしろＡＩがやった方が膨大なデータを基に合理的な結論をより効率的に導くことが可能になってきます。

このような問題を始め、「与えられた問題を効率的にミスなくこなす」という従来重要だと思われていた仕事はむしろ積極的にＡＩに任せられるようにし、人間は本書のテーマである問題発見に費やす割合を増やすべきであるということになります。

このように、ＡＩを始めとするデジタル革命は問題発見の重要性に拍車をかけていくことになるでしょう。

それでは日常生活において問題を発見するとは一体どういう場面においてでしょうか？

もしかすると、「そうはいっても自分の仕事は与えられた仕事をこなすことだから」と思う人もいるかも知れませんが、どんな状況にも問題を発見することが必要な場面は出てきます。

たとえば皆さんが誰かに「自動運転の最新情報について調べて教えてくれないかなあ」と言われたとします。

一見「問題」が与えられたように見えますが、ここからさらに問題を発見するとすれば、どのようなことが考えられるかを考察してみてください。

4　本当に解くべき問題は何か？「疑う力」で、真の問題を発見する

まずは問題を疑ってかかる

問題解決から問題発見に頭を切り替えるにはどうすれば良いのか？　**まず考えることは、全てのものを疑ってかかるということです。**そのイメージをつかむため、前節の最後に問いかけた以下の問題について考えてみましょう。

たとえば皆さんが誰かに「自動運転の最新情報について調べて教えてくれないかなあ」と言われたとします。一見「問題」が与えられたように見えますが、ここからさらに問題を発見するとすれば、どのようなことが考えられるかを考察してみてください。

問題解決の得意な人は、問題が与えられれば、すぐにそれを最善のやり方で解き

にいきます。これはまさに問題解決型の人の強みであるとともに、問題発見に対しての弱みになるのです。

先の問題で言えば「自動運転の最新情報について調べてほしい」という問題が与えられると、それをいかに効率的に実行するかに頭が向かうのが問題解決型の思考回路なわけですが、**ここで考慮すべきは、「そもそもそれは正しい問題なのか？」ということ**です。

そもそも「なぜ」その情報を調べるのか？

自動運転に限らず「○○について調べてほしい」という要望や依頼（＝問題）は日々の仕事や日常生活の中でも頻繁に直面するものだと思います。

ここで思考回路が2つにわかれます。依頼された問題そのものは疑わずに、「ではどうやってやろうか？」と考えるのがおそらく多数派であり、ある意味自然な思考回路です。

たとえば「試験勉強型の秀才」ではこのような傾向が見られます。試験問題というのは、基本的に「そもそも解くべき問題か？」に関して疑う必要がないために、

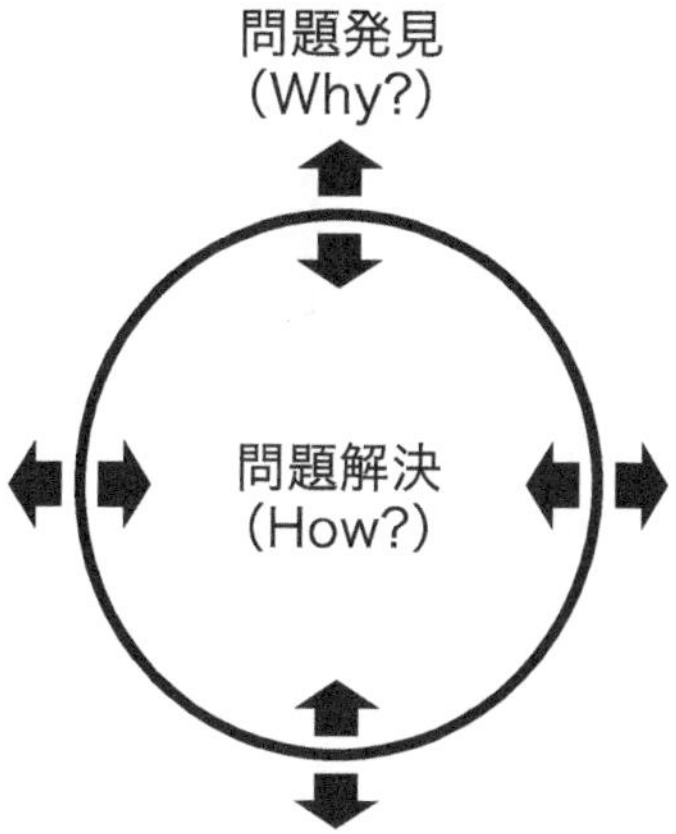

図4　「問題発見」と「問題解決」の思考回路は正反対
要望や依頼（＝問題）を受けたとき、「どうやってやろうか？」と考える問題解決の思考回路と、「そもそもなぜ？」と考える問題発見の思考回路がある

とにかく問題が与えられたらそれを解きにいくという姿勢が求められるからです。この場合は問題そのものを疑うことは全く必要なく、むしろ「わき目もふらずに」問題解決に取り組む必要があるのです。

　これに対して、これとは違う思考回路を起動する人もいます。それが「そもそもなぜ」その情報を調べる必要があるのだろうか？という方向性です。これは明らかに**問題そのものへの疑問を呈して、改めて問題を定義しなおす、つま**

り**「真の問題は何か?」を見つけにいこうとする問題発見型の思考回路**なのです。

これも本書で繰り返し論じている問題解決と問題発見の思考回路が正反対であることの一つの象徴です。

前ページ図4にそのイメージを示します。ある問題(本図でいう「円」)が与えられたときに、それを「How」を問うことで具体化し、絞り込んでいくのが問題解決であり、反対に「Why」を問うことで視野を広げて新たな問題を見つけに行くのが問題発見です。

「なぜ?」という疑いで新たな問題が見つかる

では「そもそもなぜ?」という問いを本節冒頭の問題、「自動運転の最新情報を調べる」ことに向けてみましょう。「ではどうやって調べよう?」と問題を解決しにいくのではなく、その前に一歩立ち止まって問題そのものに疑いを向けてみるのです。

ではここでいう「疑う」とは何か? それは「なぜ?」という問いを発することによって、その与えられた問題の「上位目的」(さらにその上の目的)を考えてみることなのです。たとえば「自動運転の最新情報を調べる」ことの目的は何でしょうか？　私たちは日常的になにげなくさまざまな情報を集めていますが、全ての情報収集には必ずその「上位目的」があります。

つまり私たちは集めた情報を次になにかに利用するために情報収集をしているのです。

たとえば自動運転であれば、自動車業界の人が今後の需要の変化を考えるためかも知れないし、鉄道会社の人が今後の人の移動のあり方を考えるためかも知れないし、物流会社の人であれば、無人配送によるコストダウンの可能性を考えるためかも知れません。あるいは営業担当の人が顧客訪問をする際に「最新の技術情報」を雑談のネタにするためなのかも知れません。

このようにあらゆる情報収集には必ず目的があるのですが、ここで重要なことは、そのような**上位目的を考えることで、仕事の依頼主**（**顧客や上司**）**にとっての「さらに重要な問題」を見つけることができる**のです。

たとえば自動車業界の人であれば、そもそも従来型の自動車の需要が激減するリスクを考えて「長期的な投資をしなければいけない」とか、営業担当であれば、「最新のトレンド情報で顧客に『面白いやつだ』と思わせて面会の機会を増やしてもらう必要がある」といったことです。

このように、目先の問題をいきなり解決しようとするのではなく、**「そもそもなぜ?」という疑問を既存の問題にぶつけてみることが手っ取り早い問題発見のきっかけになる**のです。

「3つの領域」を意識する

ここまでの話から、私たちの身の回りの問題を「3つの領域」でとらえてみることで、問題発見とは何かについての新たな視点が得られます。その3つとは図5のように表現できます。

ここでは図5の三重の円の内側から、領域①②③と定義します。

まず一番内側の領域①は「問題も答えもある」領域です。仕事でいえば、マニ

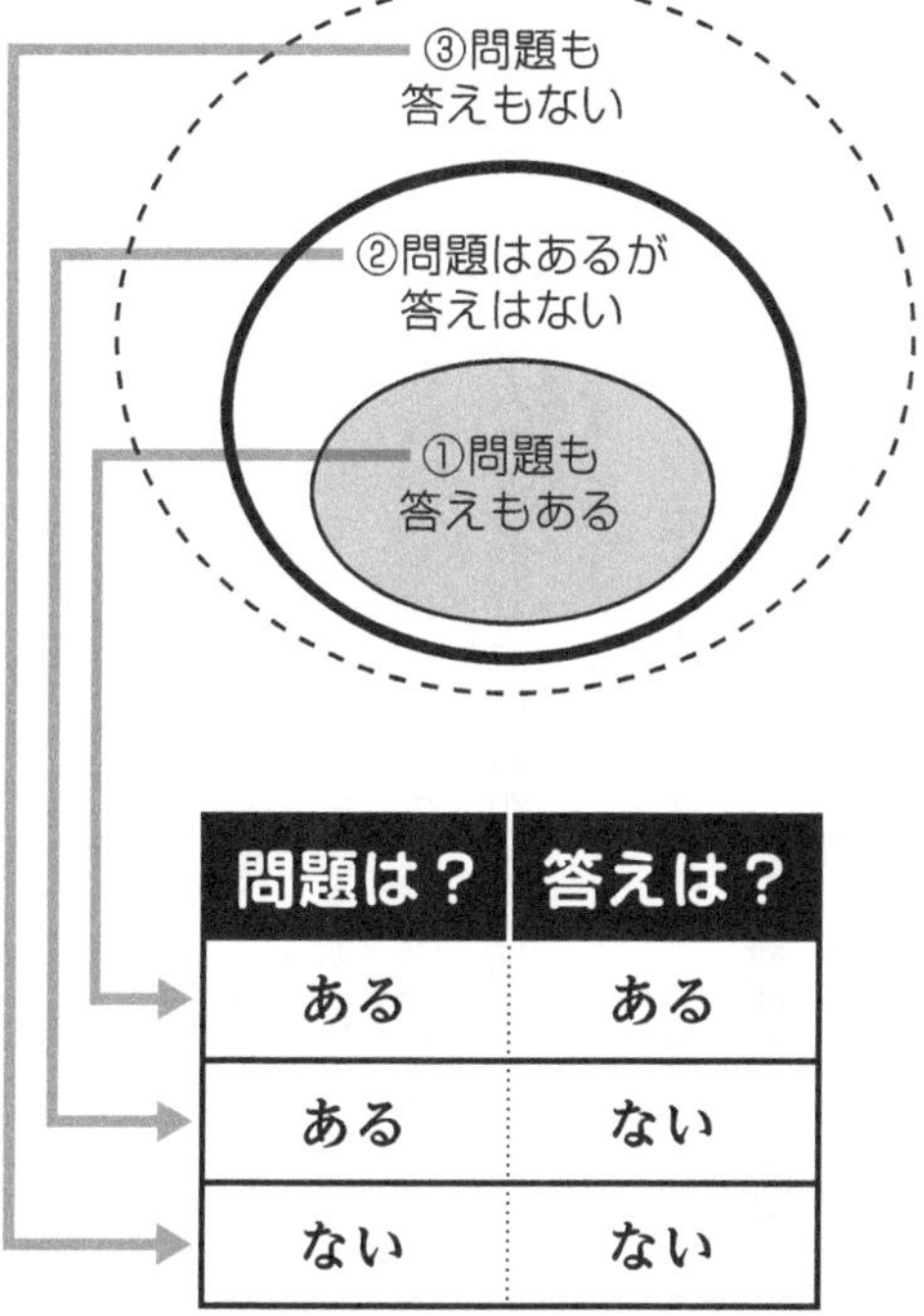

問題は？	答えは？
ある	ある
ある	ない
ない	ない

図5　問題の「3つの領域」

③の領域を②に変えるのが問題発見で、②を①にするのが問題解決となる

ュアル化されていたり、「教科書」があったりする領域です。試験勉強の対象となるのもこの領域になるわけですが、前節でお話ししたように、AIの発展によってこの領域は急速に人間の仕事が機械に置き換えられつつあります。「すでにある答えを暗記する」ことにかけては人間が機械にかなうわけがないからです。

続いて2番目の領域②は「問題はあるが答えはない」という領域であり、これが問題解決の対象となる領域です。上司や顧客からの仕事の依頼があった（が解決方法はネットやすでにある資料にあるわけではない）場合などがこの領域に属します。恐らく普段仕事をしている人の大部分はこの領域で活動しているのではないかと思いますが、AIはこの領域にまで進出してきているというのが前節で話したことです。

最後の3番目が**「問題も答えもない」という、本書のテーマである問題発見の対象となる領域です。仕事の流れでいえば、③の領域を②に変えるのが問題発見で、さらにそれを②から①に変えるのが問題解決という関係**です。

つまり仕事等のさまざまな問題解決というのは、③→②→①という流れをたどります。ここで、扱う難易度は①＜②＜③と逆向きに上がっていき、併せてそこから発生する付加価値も外側に行くほど上がります。

VUCAの時代には問題発見が重要になる

また、VUCAの時代というのは安定の時代に比べるとこれらの領域の相対的関係が次ページの図6のように変化しているのです。「未知の領域」を対象とする問題発見の重要性が上がっているということができます。

次章からはこの3つの領域の話の延長として、哲学者ソクラテスがギリシア時代に唱えた「無知の知」のお話をしたいと思います。そこで一つそれに関連する問題を出しておきましょう。

皆さんが知人から、心が傷つくような言葉を投げかけられたとしましょう。その場合その相手が「悪気がない場合」と「悪気がある場合」とではどちらが「たちが悪い」と思いますか？　そしてそれはなぜでしょうか？

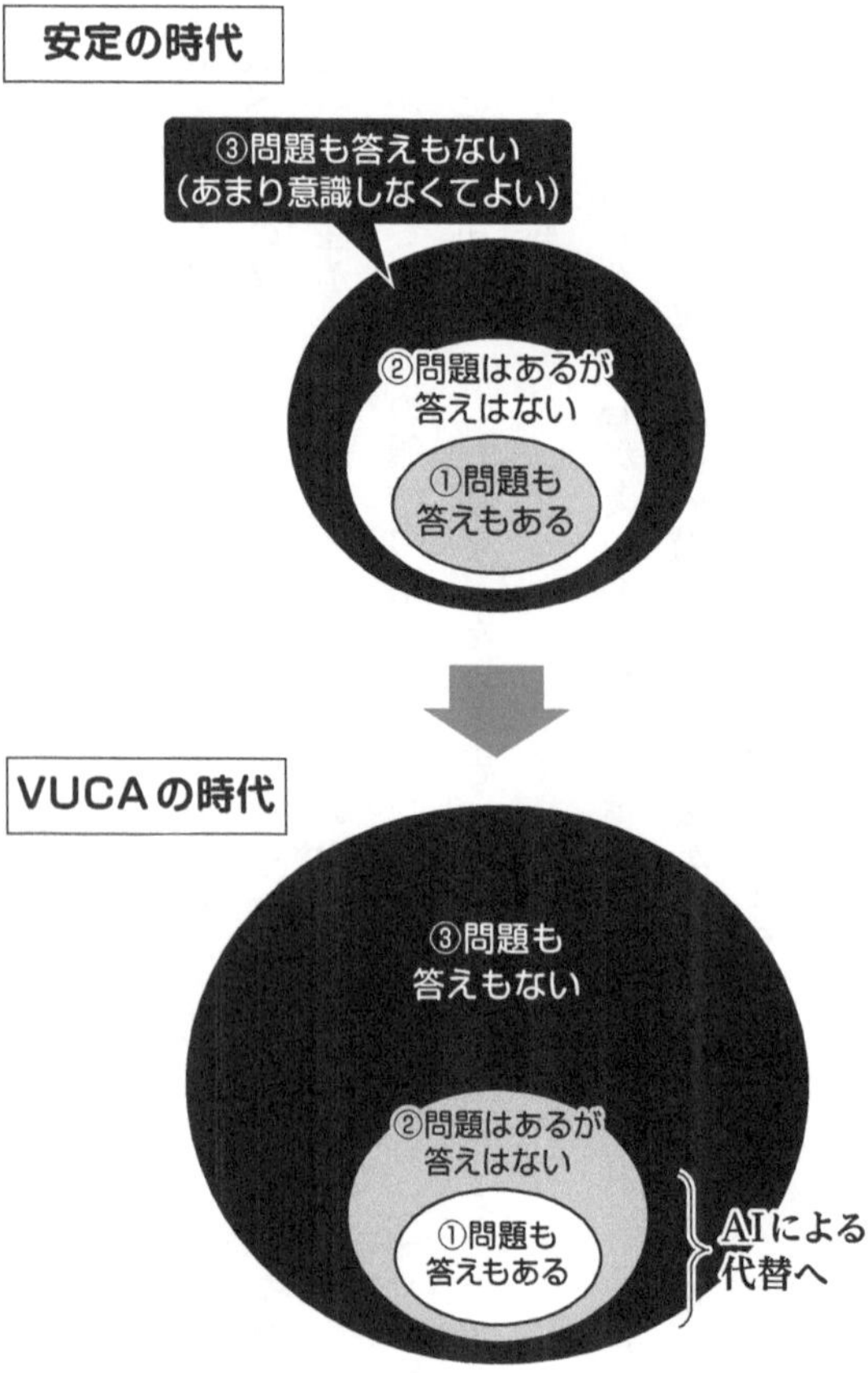

図6　「3つの領域」の相対的重要性の変化

AIによる代替がきかない「問題も答えもない」未知の領域の重要性が、VUCAの時代には上がってきている

第2章　問題発見は常識を疑うことから始まる

5 「自分がダメだという自覚のない人」が思考停止する理由

前章の末尾で投げかけた以下の問題について考えみましょう。

「悪気がない」ことは実は大問題

皆さんが知人から、心が傷つくような言葉を投げかけられたとしましょう。その場合その相手が「悪気がない場合」と「悪気がある場合」とではどちらが「たちが悪い」と思いますか？　そしてそれはなぜでしょうか？

ついつい失言等してしまったとき、あるいはふとした発言が自分の意図せぬ形で相手に不快に響いてしまった場合、私たちはよく「いや悪気はなかったんだよ」という形の「言い訳」をします。

逆に悪気がある場合というのは、たとえば自分より裕福な人に対しての金遣いの荒さを皮肉って「金持ちは違うよね」のような嫌味を言う場合で、明らかに相手に対しての否定的な気持ち、つまり悪意が働いています。

ここで先の「悪気がなかった」という言葉を改めて考えてみましょう。これを発した人間の気持ちとしては「だから許してね」という形で、その「罪のなさ」をアピールしたいのだと思います。

ですからある意味この言葉を聞いた人は「いいよ、いいよ。わかったから」と許してあげることが多いでしょう。

でもよく考えてみてください。たとえばなにげない人種差別やパワハラ、あるいは男女差別の発言などにおいて、「悪気のない人」というのは、裏を返せばその発言に関して「何が悪いかを理解していない」ために、反省もせずに何度もその発言を繰り返す可能性があるのです。

逆に、悪気がある人というのはそれを悪いとわかっていてやっている確信犯なわけですから「本来それが良くないことである」とわかっている分、それを禁止したり罰則を設けたりすれば（たとえ渋々であっても）それをなくすことは可能です。

つまり、「悪気がある」ことは単発的あるいは短期的な視点ではよくないことかも知れませんが、長期的に放置されることは少ない代わりに、**「悪気のない」ことは短期的かつ単発的には許すことはできても、長期的にこれを放置することは根本的な問題を放置することになる**のです。

ここでいう「悪気」というのがまさに本書でいう「問題」そのものということになります。つまり。悪気がないというのは「問題意識」がないことを意味し、これは問題発見においては相当根の深い問題です。

「自覚がない」のは救いようがない

このような自覚のなさはさまざまな場面で同様にあてはまります。

「ああ、酔った酔った」と言っている酔っ払いと「自分は酔っていない!」という酔っ払い、どちらがたちが悪いでしょうか?

恐らく飲酒運転で事故を起こすドライバーは「この程度は大丈夫だ」という形で自分の酔いを自覚していないことが多いでしょう(自分が酔っているという自覚があれ

ば、そもそも運転しないであろうからです)。

さらに他の例を挙げましょう。

「ダメ上司のための本」は当のダメ上司は読みません。

ダメ上司のダメ上司たる最大のゆえんは、自分のダメさに他ならぬ自分自身が気づいていないからです。

さらには、「論理的に考えられない」人の最大の課題は「自分が話していることが論理的でないことの自覚がない」ことです。だから「論理的に考えろ」という言葉で論理的に考えられるようになる人はほとんどいません。同様の言葉は「不要不急の外出を控えろ」とか「常識にとらわれるな」とか「非効率な会議はやめろ」にも通ずるものがあります。そもそも不要不急の行動は、本人がそう思っていないから起こすのであり、常識にとらわれている人はそれが当然だと思っているからやっているのであり、非効率な会議をやっていると傍から見える人は、本人は大まじめに職務を全うしているだけなのです。

愚にもつかない言い訳をする人の問題は、それが単なる言い訳であることに気づいていないことにあります。「忙しいからできない」や「値段が高いから売れない」が言い訳にならないことにいつ気づいて、二度とその言葉を使うまいと決意するかでその人の人生が大きく変わることは、これが「言い訳にならない」ことに気づいている人には納得してもらえることでしょう。

このように、「外からは問題だと見えるが本人にその自覚のない人」の問題を解決するのは至難の業と言えます。

問題が問題だと認識されていないことが最大の問題だからです。これが「無知の知」という問題を自覚することが重要な理由です。

これらに共通していることは、**「自覚がある悪」は長期的には自然に解決できる方向に向かう可能性が高いのに対して「自覚がない悪」というのはむしろたちが悪い**ということです。

「無知の知」と「3つの領域」

このような構図を知の世界に当てはめてみましょう。

知の世界においては通常「知らない」こと、つまり十分な知識がないこと、あるいは「無知」は最大の問題であるとよく言われます。

ところがこれを先の構図に当てはめてみれば、無知であることそのものよりも、自分が無知であることを自覚していないことの方が問題としては大きいということになります。

これがギリシア時代の哲学者のソクラテスが唱えたといわれている「無知の知」という概念です。つまり**問題なのは、無知であることではなく、無知の無知、つまり無知であることを自覚していないことなので、無知であることを自覚することが重要だ**ということです。

「自分は何も知らないから」という人と、「自分はなんでも知っている」という人、一見後者の方が賢そうに見えますが、ここまでの議論から実はその後者の方が自らの無知を自覚していない分「たちが悪い」可能性があるのです。

インターネットにおける誹謗中傷が問題になっています。ここでも根本的な問題は、いかにも誹謗中傷をしてやろうとしている「自覚のある人」ではなく、むしろ

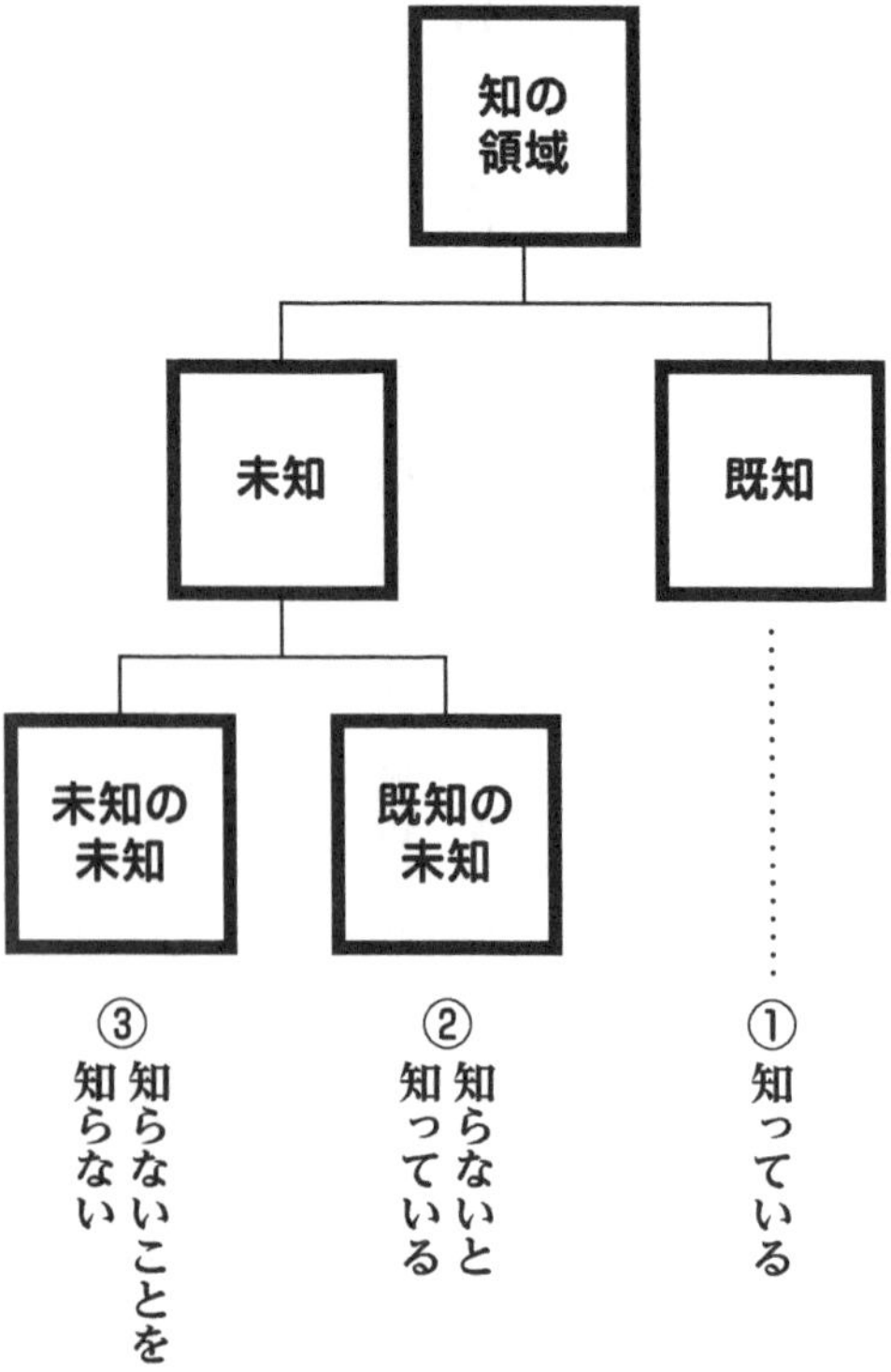

図7　３通りの「知」の領域

「知らないこと」にも、「知らないと知っている」ことと「知らないことを知らない」ことの２通りある

「無知な輩を賢い自分が教育してやろう」という「正義感にかられた賢人」なのです。相手の事情について何も知らない方が自然なのに、それをあたかも全て知っているかのように決めつけて自分の正しさを押し付けるのはまさに「無知の無知」の状態と言ってよいでしょう。

そのメカニズムを前章で紹介した「3つの領域」にも関連付けてお話しします。

私たちの知の対象領域を右の図7のように3つに分けて考えてみましょう。まずは知っていることと知らないこと、つまり既知と未知という2通りに分け、さらに未知を2通りにわけて、「知らないと知っている」既知の未知と「知らないことを知らない」未知の未知の領域として、これらを合わせて3通りの領域とします。

問題発見の第一歩は「無知の知」

ここまでの議論を前章で解説した図5の「3つの領域」（①問題も答えもある、②問題はあるが答えはない、③問題も答えもない）と対応させてみると、以下の図8のように前章で提示した「安定の時代」と「VUCAの時代」の関係と同様になります。

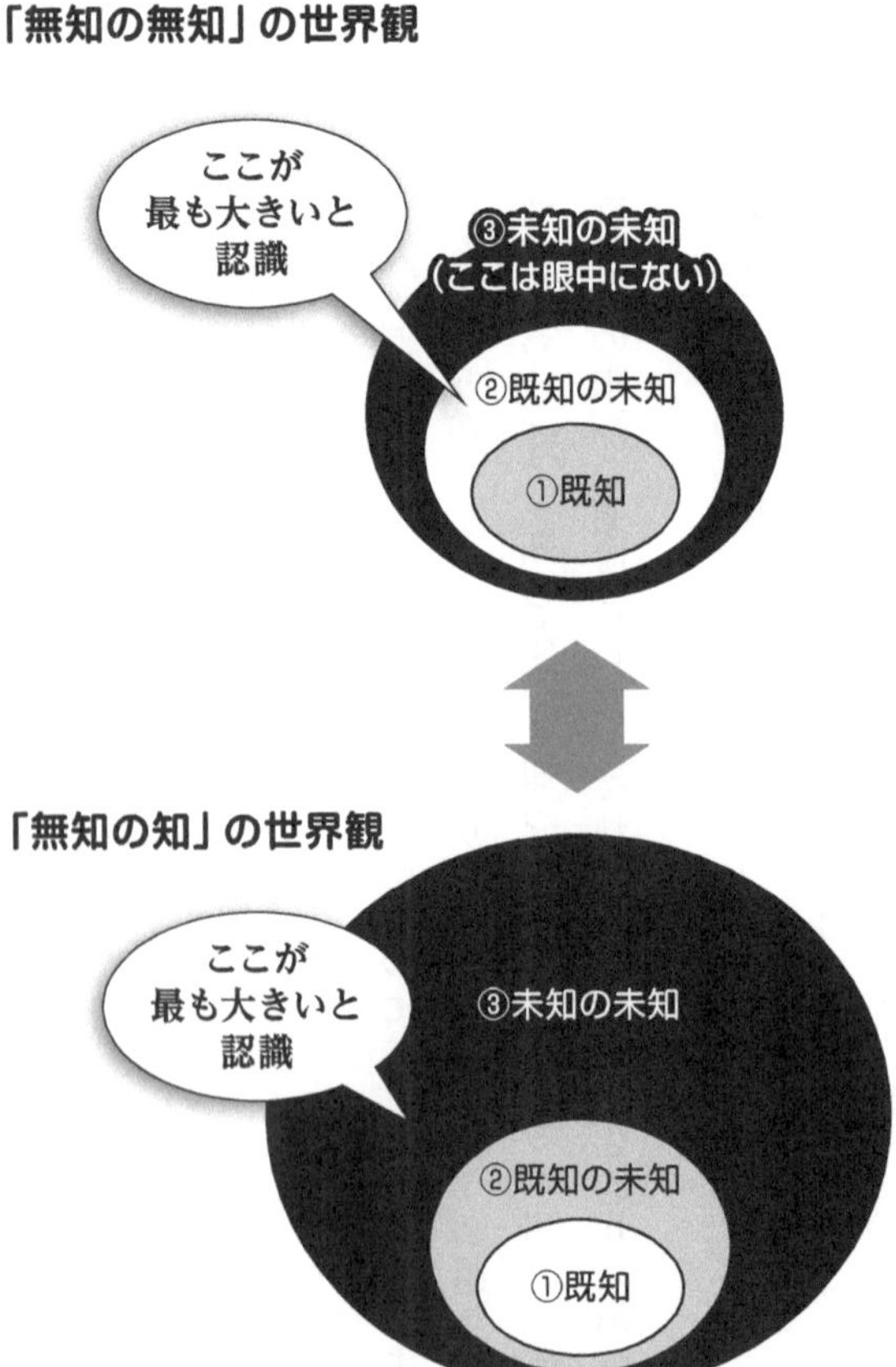

図8　「無知の無知」と「無知の知」の世界観の違い

問題発見とは、「未知の未知」の領域を認識したうえで、「既知の未知」という新たな問題に変えていくこと。「無知の無知」の世界観からは問題発見はない

「無知の無知」の世界観とは、自分には「未知の未知」はないというスタンスであるのに対して、「無知の知」の世界観とは、自分には膨大な「未知の未知」があるという基本的スタンスをとることを意味します。

また、無知の無知の世界観での最大関心領域は（そもそも「未知の未知」の領域は意識していないので）「既知の未知」であるのに対して、無知の知の世界観で一番大きいと認識しているのが「未知の未知」の領域です。

問題発見とは、このような「未知の未知」の領域を常に意識した上でそれを「既知の未知」（＝新たな問題）に変えていくことなので、そもそもの世界観が「無知の知」であることがスタートポイントになります。

「未知の未知」の領域を常に意識しているか、そもそもこういう領域はないと思っているかの違いは、日常において「自分の理解できないもの」を見たときの反応の違いとなって現れます。

「未知の未知」を意識している人は、自分の理解できないものを見るとそこで思考回路が起動して「何か自分に見えていないことがあるのではないか？」と疑って新たな問題を見つけようというモードに入ります。

これに対して、意識していない人というのは（そもそもそういう世界は存在してはいけないので）それを否定してかかり、「間違っている」という判断を下すことで思考停止に陥ってしまうのです。

先の図8で言えば、「無知の無知」の人というのは、常に自分の知っている範囲の中でものごとを解釈するという点で常に「内側を向いて」いるのに対して、「無知の知」を自覚している人は、常に自分の知らないことがないかとアンテナを張っている点で「外側を向いて」います。

したがって、未知のものを見た時に「無知の無知」の人はそれを真っ向から否定して「円の内側」の自説を展開し始めますが、「無知の知」の人は、まず質問から入るというアプローチをとるのです。したがって、普段の会話やSNSの投稿ぶりから思考回路がどちらかは比較的すぐに判定できます（きっと近い将来AIが自動判定してくれることになるでしょう）。それはごく単純に言えば、上記の「まず質問から入る」という姿勢があるかどうかです。

このような正反対な思考回路が次節で述べるような反応の違いとなって現れます。両タイプの人が「枠の外にある」事象に対してどのように対照的な反応を取るかについて見ていきましょう。

次節はこの構図を用いて、さらに問題発見のメカニズムを具体的に表現していきます。

その一つの例として、考えてみてください。**皆さんは自分の話を聞きながらスマホをいじり始めた人を見てどう思うでしょうか？**

6 「スマホをいじりながら話を聞く人」に怒ってはいけない理由

「目の前でスマホをいじる」をどうとらえるか？

前節での問いかけ、「皆さんは自分の話を聞きながらスマホをいじり始めた人を見てどう思うでしょうか？」について考えてみましょう。

9割方予想される反応は「人の話を真面目に聞け！」と感じることでしょう。

相手が目下の人であれば怒って取り上げる、目上の人であったなら口には出せないものの、間違いなくいら立ちが募ってくるに違いありません。

そもそも他人の話を聞く場合には、「相手の目を見て真剣に聞く」ことが重要であることは、「常識中の常識」と言ってよいでしょう。

また百歩譲って内気な人や相手が「畏《おそ》れ多い」場合には目を合わせられないことがあったとしても、そこで「他のことをしながら話を聞く」などというのは言語道断であり、「非常識中の非常識」といえると思います。

もちろんこのような**常識というのは9割方（あるいは99%）の状況においては正しい判断になるのですが、ここに「問題発見」に関するヒントが隠れています。**ここで考慮すべきは、その相手がなぜスマホをいじっていたかです。

「スマホをいじる人」の方が真剣に話を聞いている？

もちろん関係ない知人にＳＮＳのメッセージを送っていたとか、趣味の情報をネットで検索しているとしたら「言語道断」であることは変わりません。ただしそれがいま聞いた言葉がわからなかったので、その意味を調べているとしたら、あるいはいま聞いた数字の信憑性に疑念を抱いてさまざまな情報ソースで確認を取っているとしたらどうでしょう？

相手の目を見ることで「真剣なふりをする」ことだってできます。真剣そうに相手の目を見ながら「お腹が空いたなあ……」と次のごはんのことを考えている人と、目をそらしてスマホをいじりながら、相手の話の裏付けをとって反応しようとしている人、どちらが話している側にとって「真剣な」態度であるかは明白でしょう。

また、対面コミュニケーションができなくなったテレワークの時代には、むしろ「いかに人の目を見ない状態でコミュニケーションできるか」の方が重要なスキルになっています。

この先技術がさらに進化すれば、多くの人がウェアラブルデバイスを身に付ける時代が来るかも知れません。そうなればたとえばウェアラブルグラスを付けていれば、キーボードなしで人の話を「関連情報を検索しながら聞く」なんていうのが当たり前になるかも知れません。そうなればその人の視線は自動的に「泳ぐ」なんてこともあり得るでしょう。

そこまでいかないスマホの時代でも、そのような「積極的スマホ活用派」が増えてくれば、「お前スマホも持たずに手ぶらでボケっと人の話を聞いて、真面目に聞く気があるのか！」なんてことが「常識」になることだってないとは言えません。

少し極端な例を比較に出したかも知れませんが、ここから学べることは何でしょう？

新しい技術や生活様式（この場合はスマホとその活用法）によって、それまでの常識が覆ることがあり、それを発見する機会は、先の例のように「非常識である」ものを見たときの反応にあるということです。

「常識」が問題発見の目を曇らせる

ここから言えることとは、常識は往々にして新たな問題、とりわけ先のように新し

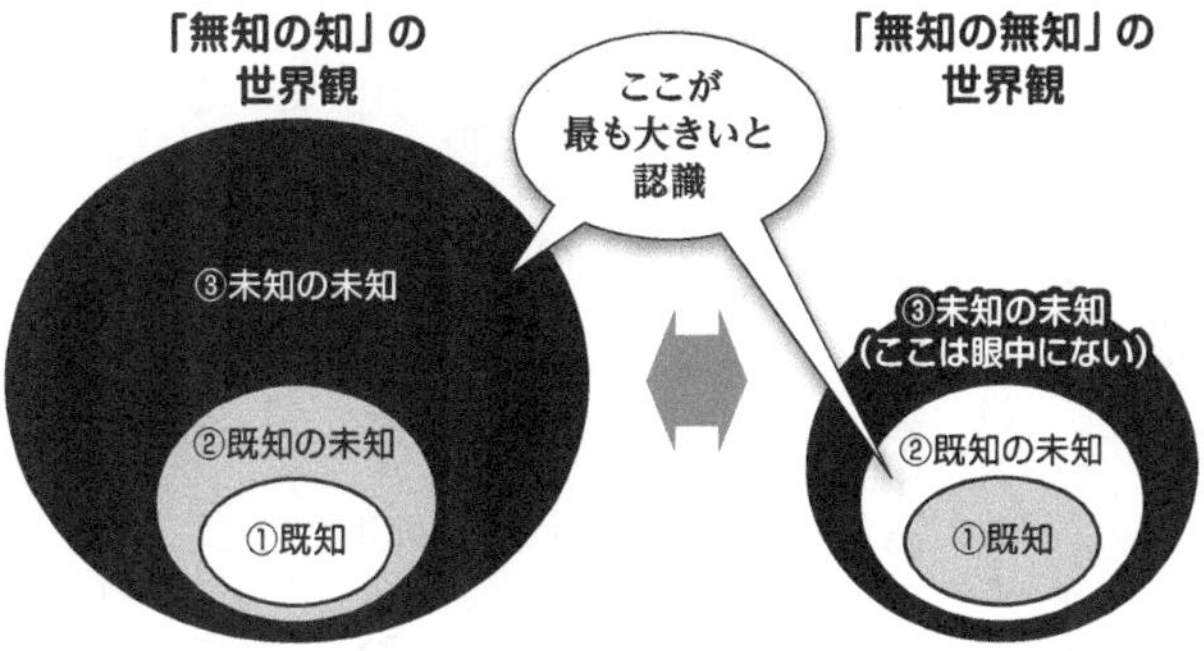

図8　「無知の無知」と「無知の知」の世界観の違い（再掲）

い変化が起こったときの新しい問題やイノベーションの発見に対しては否定的な方向に働くということです。

　これはここまで本書で述べてきた問題発見は問題解決の思考回路とは180度違うことの一例です。問題解決に必要なのは過去の知識や経験であり、そこで問われているのはつまり「常識の有無」ということになります。ところが、**問題発見には常識は邪魔なものとなる場合が多い**のです。

　この話を前節の「無知の知」や「無知の無知」の話と結び付けましょう（上に再び図8を示します）。

　新しい変化による行動様式の変容（先の例で言えば、「他人の話を聞きながらスマホをいじる」）を見たり聞いたりし、かつそれが「理解できないもの」であったときに、自分の無知を自覚している「無知の知」の人は、それは自分にとっての「未知の未知」であると認識します。

そして、「どうすればそれを理解できるだろう？」と考えて「なぜそんなことをしているのだろうか？」という問いに変えることでそこに新たな「問題」を見出します。これがまさに問題発見の瞬間で、「未知の未知」が「既知の未知」に替わった瞬間です。

対して自分の無知を自覚していない「無知の無知」の人は、自分が理解できないものを見ると反射的に怒り出す、あるいはろくに事情も確認せずに相手の無理解を正そうと説教を始めてしまうのです。

「常識人」が陥りやすいワナ

えてして「常識人」というのは、このような理解できない事象を見ても、（自分は全てをわかっているという認識があるので）それを否定しにかかって、自分の理解できる範疇《はんちゅう》から除外してしまいます。つまり、「既知の未知」以外は「場外」であるとして排除してしまうのです。

同様の話として、会議中の持ち込みPCによる「内職」の是非があります。ノートPCが一人一台という形で職場に普及し始めたころは、会議にPCを持ち込んでカタカタ何か作業をするのは、議事録を専門に取っている書記のような人を除けば、基本的には白い目で見られていました。

ところがこれはいまではむしろ、必ずしも自分に関係ある議題ばかりではない会議時間の有効活用として必須の行動様式ともいえるのではないでしょうか？

このように、**常識の否定の先にあるものは往々にして次の世代の常識になる**のです。

たとえばコミュニケーションに関する常識を考えてみましょう。仕事における離れた人との標準的なコミュニケーション手段は電話→電子メール→メッセージアプリと、一回当たりの長さが短くなる代わりに頻度が上がり、フォーマルからカジュアルへと「多頻度短サイクル化」が進展してきました。

この過程で当初は「メールにて失礼します」と、より重要視されていた電話を無《む》暗《やみ》に使うのは、いまや「仕事ができない人の代名詞」となりつつあります。

同様に、オンライン会議がメインとなる時代では「初訪問は必ず対面で」という常識が崩れていくことになるかも知れません。

「無知の無知」は往々にして「常識人」が陥りやすいワナです。問題発見は「常識を疑うことから」であることは、以前にお話しした「常識を疑え」というメッセージともつながってくることになります。

ここまでの話の応用として、以下の「常識発言」から新たな問題（＝未来への機会）が見つけられないか、考えてください。

「時間を守ることは社会人としての常識中の常識である」

これはどのような場面で有効なのか、逆にどのような場面では有効でない可能性があるのかを考えてみてください。

7 「常識を打ち破れる人」には共通点がある

「常識を打ち破れ」で破れる人はいない

新たな問題発見やそのための新たな視点として「常識にとらわれるな」とか「常識を打ち破れ」というのはよく言われることです。ところがこれらの言葉、言うのは簡単ですが実際にやるのはそう簡単ではありません。

というのは、「常識にとらわれている」という状態は、取りも直さず、自分をとらえている常識について無自覚な状態だからです。これもまさに54ページの『自覚がない』のは救いようがない」の項目で述べた通り、自覚がないのが最大の問題なので、別のやり方によって「常識を打ち破る」必要があります。

それでは具体的に常識を打ち破るとはどういうイメージかについて今回は解説します。

これは前節まで解説してきた、自分の常識が覆るような世界があるという状態そのものがないと信じ切っていること、つまり「無知の無知」によって起こります。
ここで、前節の課題を考えてみましょう。

「常識発言」から問題を見つける

以下の「常識発言」から新たな問題（＝未来への機会）が見つけられないか、考えてください。

「時間を守ることは社会人としての常識中の常識である」

「時間を守る」ことはまさに常識中の常識といってもよいでしょう。特に日本人は、鉄道のダイヤの厳密な時刻順守に代表されるように、時間を厳格に守ることにおいては世界でも有名です。おそらくいついかなる状況においてもこれが覆ることはないのではないかというのが、日本人の大部分には疑いのないことかと思います。
ではまさにこのような「常識中の常識」を疑うとはどういうことでしょうか？

常識というのは「ある環境や条件下において」成立していることが多く、大多数の人たちはそのような環境や条件が未来永劫変わらないという大前提を置いてしまっています。ですから、その常識も未来永劫続くと信じ、それによって常識を疑うことができなくなってしまっているのです。

常識は「どんな条件下で」成立するのか？

では「時間を守るのは常識」であることはどんな条件下で特に重要なのか、私たちがもっている暗黙の前提を探ってみましょう。もしその暗黙の前提が崩れることになれば、常識そのものも崩れることになるからです。

たとえば以下のような場面では、約束された集合時刻や開始時刻を守るのは相対的にどちらがより重要か考えてみてください。

「国際線の飛行機の搭乗」と「友人の自動車への相乗り」

「結婚披露宴」と「二次会の立食パーティー」

「コンサート鑑賞」と「美術館での絵画鑑賞」

どちらがより重要かの答えは明白でしょう。

これらから改めてわかるのは、時間を守ることが特に重要なのは、

1．多人数が
2．一斉に
3．同じことを始める

ような場面においてです。

別の見方をすれば、日本人が時間順守への意識が高いのは、これらを同時に満たすような場面が多いことと表裏一体となるでしょう。小さいときから学校行事等によってこのような場面を多く経験することで、時間順守の価値観は堅固なものになっていきます。

「タクシーの運賃が一律」は常識？

たとえば、日本が最も得意としてきた「品質レベルの高いものづくり」のための工場の仕事にはまさに時間順守が求められるために、日本人の気質が非常になじんでいたことがわかります。

逆に言えば、**多様性や個人が重要となってくる場面においては時間厳守の考え方は相対的に弱くなり、必ずしも常に最優先事項ではなくなるかもしれない**ことに気づくことができるでしょう。これはＶＵＣＡの時代にまさに必要な姿勢です。

たとえば、創造性というのは「他人と違う」ことに価値があること、必然的にそのような能力が発揮できる組織というのは、いわゆる規律やルールを最優先した「軍隊型」ではなく、個性や自由を重視した（当然多様な働き方を許容した）ものとなるはずです。

同様に「タクシーの運賃は場所と時間（と車種）が決まれば完全に一律である」というのは、日本人にとっては長らく常識であったと思います。

このような常識をもって東南アジアの国に行って、「メーターを倒さない」タクシーに遭遇し、渋滞時には法外な料金を交渉してくることに「ブチ切れた」人も多いのではないでしょうか。

もちろんそれは彼《か》の国々でも違法であることが多く、ほめられたことでは決してないのですが、たとえばミャンマーのヤンゴン等ではそもそもタクシーにメーターがついていなくて「都度交渉して決定」のようなこともあります。

そこで改めて**問題発見の思考回路を起動して「そもそも」と考えてみれば、渋滞したりなかなかタクシーがつかまらないような需給バランスが著しく崩れているときにでも料金が一律であることの方が「普通でない」**ことは、他の商品やサービスの値付けに照らし合わせてもわかります。

急いでいるのになかなかタクシーがつかまらないときには、少しぐらい他より高くてもいいから空車を見つけたいと感じるものです。そういう融通が利かないのは、むしろ定額の悪い面ではあります。もちろんいわゆる「ぼったくり」が横行することを防ぎ、利用者への安心を与えるという点での定額制を否定するものではなく、「常識」はほとんどの場合には有効に機能しています。

「タクシーの常識」を破る新ビジネス

このような状況に対して、むしろ**従来「違法」だった、状況に応じて値段を変えることをはじめから仕組みとして組み込んでしまっているのが近年、世界的に急増している配車サービス**です。

日本では法規制に阻まれて十全に展開されていませんが、UberやGrab、あるいはDiDiといった、ライドシェアと呼ばれるオンデマンドの配車サービスにおいては、リアルタイムプライシングという形で、渋滞や需給バランスによってフレキシブルに価格が変動する仕組みが採用されています。

この例のように、常識というのは、必ずある状況において成立するものであり、その**状況が環境変化や技術革新によって変化した場合にその変化にいち早く気づくことができるのが「無知の知」の姿勢**であり、その変化を否定し、あくまでも従来の常識を疑うことなくそれに固執するのが「無知の無知」といえます。

読者の皆さんは実際のビジネスや日常生活の場面で「それは常識だろう」と怒り出したくなったことはないでしょうか？　そのような場面で本節でお話ししたような、その「非常識」を正しいとした場合にどのような変化が必要となるのかを考えてみてください。

その変化に対して「非常識」だと相手を正しに行くのではなく、「おかしいのは自分や今のルールではないか？」と考えることで、変えるべきものは自分の考え方であり、ルールの方であるという新たな問題が生まれてくることになるでしょう。

8 「非常識人」になるための5つの基本

常識を身につけることをめぐる「落とし穴」

皆さんの周りにもさまざまな常識があると思います。人として生きていく上での常識に加えて、ビジネスをやっていく上での業界固有の常識等もあります。

2月と8月は物が売れない
アメリカで流行ったことが1年遅れて日本に入ってくる
品質に問題があるときは〇〇の工程をチェックせよ

といったようなことです。

新入社員や新業界への転職者がまずはじめに学習するのがこのような「常識」です。常識というのは、社会人として、あるいは特定の会社人として生きていくための基本的知識といってよいでしょう。

したがってこのような基本的知識を身に付けることについて否定的なイメージを持つ人は少ないと思います。

ところがここに落とし穴があります。

第1章で、本書の中でも**問題発見と問題解決ではある意味で正反対の思考回路が**

必要となり、そのために敢えて問題発見の考え方を意識する必要があることをお話ししました。

「常識を疑う」ことが重要であること、あるいは一見否定的に思えることを肯定してみることも「話を聞きながらスマホをいじる人」の例でお話ししました。

問題発見に必要な「思考力」

ここで改めて「常識とはどういうものなのか？」を考えてみることは問題発見の手がかりとして役に立つと思います。

私たちが「それは常識だ」といった形でこの言葉を使うのはどういう場面かを考えてみましょう。

「そんなの常識だよ」と答えたくなるのは、誰かに「なぜそうするのか？」「なぜそうしてはいけないのか？」（それこそ「他人の話を聞きながらスマホをいじる」といった場面で）などと聞かれたときに、実は「明確に理由を説明できない」ときではないでしょうか。

そうでなければ、その理由を答えているはずだからです。

つまり**「常識」という言葉は「自分では正しいと以前から信じているが、実はその理由を説明できない」状況において発せられる言葉**ということになります。

以前にお話ししましたが「そもそもなぜ？」を問うことが問題を発見するためのきっかけであるとすれば、常識という言葉を発するときの大部分において私たちは思考停止していることになります。

逆に言えば、**その常識を説明するために考えることで、新たな問題が見つかるということ**です。

次ページ図9を見てください。ここでの**左側が常識に従順な、でも思考停止している状態。右側が常識の理由や背景、つまり「なぜ？」を考えることで「新たな常識」を生み出すという状態**です。

いずれにしろ、常識というのは知識や経験の力から来るわけですが、必ずしも知識がたくさんあるからといって問題発見がよくできるわけではなく、その知識からいかに思考をめぐらせるか、言い換えれば図の右側のように**その常識の理由や背景**

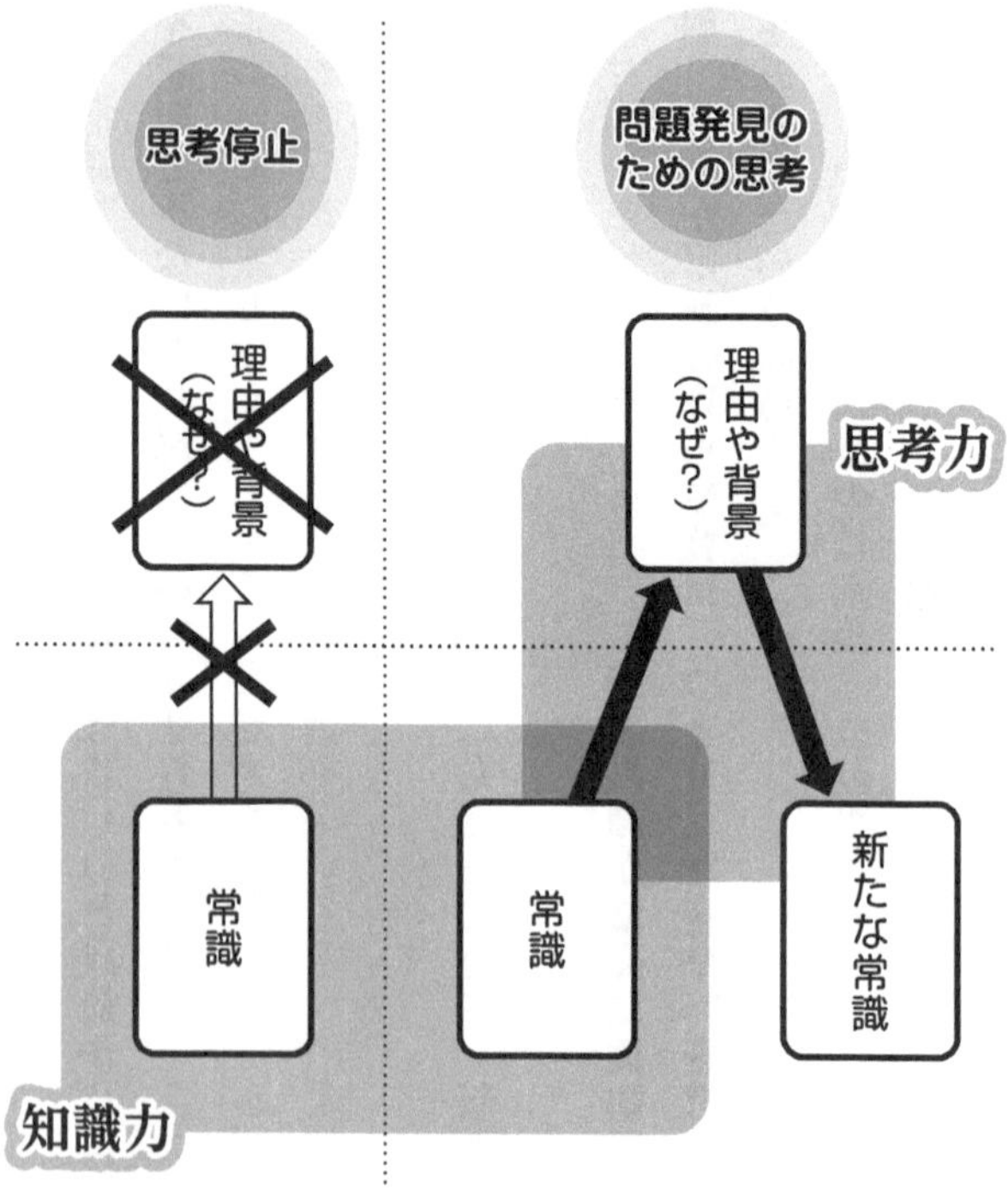

図9　問題発見には「知識力」＋「思考力」

常識の理由や背景を「なぜ？」と思考することではじめて、問題を発見し、「新たな常識」を作ることが可能となる

を「なぜ？」と考えることで、新たな常識が生まれてくるというわけです。

具体例としては、これまで本書でお話ししてきたような「スマホいじり」の件や「会議中のＰＣでの内職」、を思い浮かべてもらえればこれらのプロセスの具体的イメージをつかんでもらうことができるでしょう。

また、先の「２月と８月は売れない」の例で言えば、「とにかくそこは売れないのが常識だから」ではなく、「なぜ２月と８月が？」と考えてみれば、業界や商品によってたくさんの仮説を立てられるでしょう。

単に稼働日が少ないから
寒すぎるから、暑すぎるから
半期末との相対的関係で

……等、さまざまなことが考えられます。

ここで重要なのは、このような原因は環境変化等の前提条件によって異なるために、ビジネス環境が変わったときには、これらの常識は簡単に通用しなくなることがあり得るということです。

たとえば、8月の稼働日であれば、B2B（企業間取引）であればまさにその通りかも知れませんが、B2C（企業と消費者間取引）になればあまり関係なくなる（むしろ休みが増えることで消費機会が増える）とか、気温の話はネット販売になるとあまり関係なくなるといったことです。

VUCAの時代のように、まさに変化が大きいときにこそ常識を疑うことの重要性が高まります。

「常識を破る」は「知識の価値観を破る」こと

ここで比較しておきたいのが、「常識人」のベースとなっている知識力重視の価値観と、それと相反する思考力重視の価値観です（次ページ図10）。それは本書の言葉でいえば、問題解決と問題発見の対比にもつながります。

常識人はまずは常識が全てだと考えるのに対して**問題発見型の非常識人はまずそ**

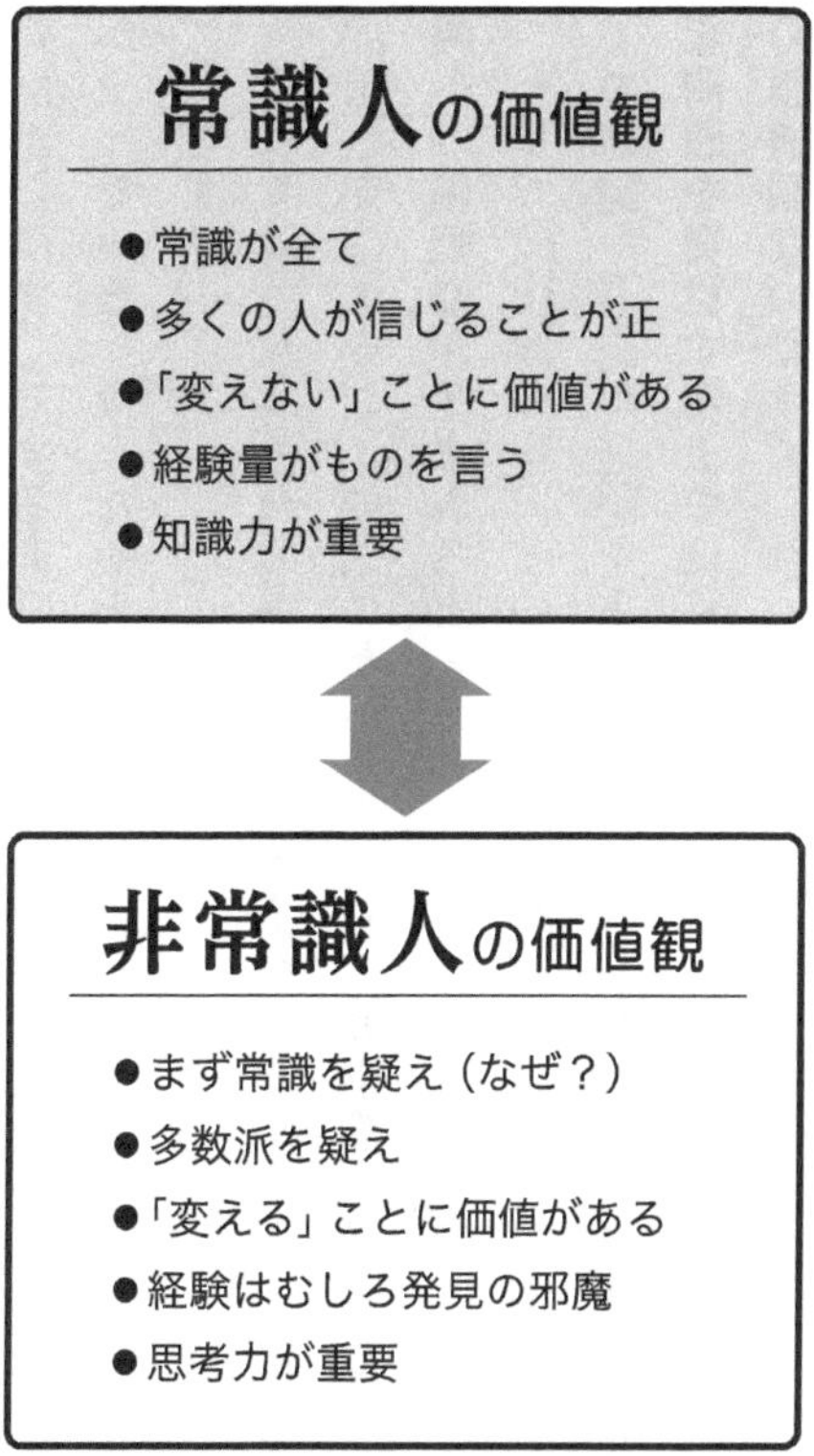
常識人の価値観
●常識が全て
●多くの人が信じることが正
●「変えない」ことに価値がある
●経験量がものを言う
●知識力が重要
非常識人の価値観
●まず常識を疑え（なぜ？）
●多数派を疑え
●「変える」ことに価値がある
●経験はむしろ発見の邪魔
●思考力が重要

図10　常識人の価値観と非常識人の価値観
常識を破るには、常識を疑い、多数派を疑い、変えることに価値を見出し、経験に頼らず、思考力を駆使することが必要となる

れを疑ってかかって「そもそもそれはなぜなのか？」と考えます。

また、常識人は常に多数派です。まさに多数の人が正しいと信じていることが常識だからです。対する非常識人は常に少数派であることに価値を見出すために「皆がやっている」は「だからやらない」につながり、これが先の懐疑心にもつながっていきます。

さらに常識人は過去を重視し、そこからの連続性や一貫性を支持します。これが常識を支持することにもつながりますが、**非常識人は常に変化を好み、そこから常識への懐疑心が生まれる**ということになります。

そして最後は知識力との関係で、常識人は当然のことながら「過去の正解」としての知識や過去の経験を重視するのに対して、**たくさん知っていることは逆に新たな問題を発見する上では邪魔になるというのが自ら考えることを重視する非常識人の価値観**なのです。

次章以降ではここまでに出てきた思考することの代名詞ともいえる「なぜ？」の使い方とその問題発見への適用について解説していきます。

第３章　問題発見とは

新しい「変数」を考えること

9　なぜ「なぜ？」は何度も繰り返すべきか　5Wにおける「Why」の特殊性

問題発見のWhy、問題解決のHow

これまで本書でもしばしば触れてきた「なぜ？」（Why）という問いかけですが、これは問題発見を考える上で基本中の基本であり、また応用範囲も広い問いかけです。

前章では、常識に対して「なぜ？」と、その背景や理由を問いかけることで新たな常識が見つかることはお話ししました。このように**「なぜ？」と問いかけることで視野が広がり、新たな問題が見つかる**のは他にも日々の仕事の依頼に対しても同様です。たとえば前述した「自動運転の最新情報について調べてほしい」という依頼に対しても、**「Why」と問いかけることで解くべき真の問題に近づける**ことをお話ししました。

対してこのような「〇〇について調べて」という依頼に対して、もう一つの方向

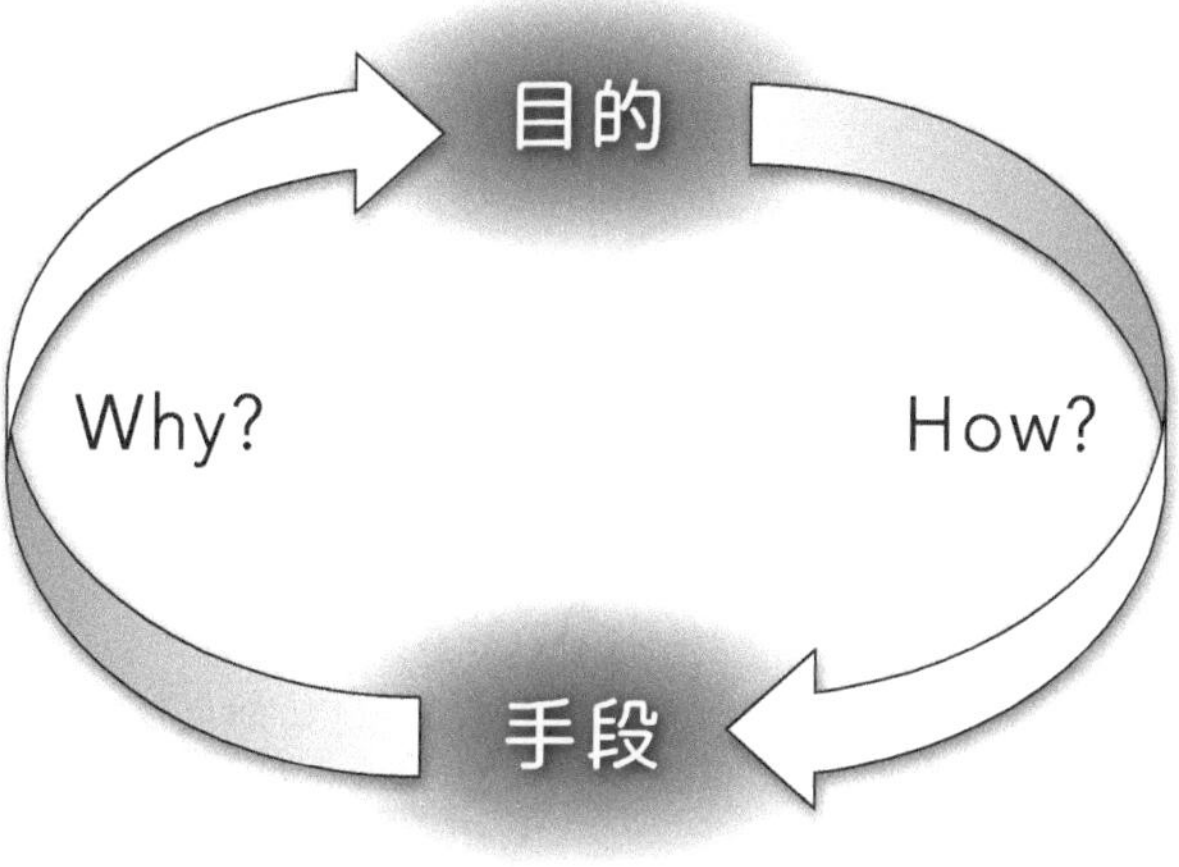

図11　「目的」と「手段」の関係
「Why」と問いかけることで、解くべき真の問題の発見に近づける。
解決の手段を具体的に問う「How」とは逆方向の関係になる

性があります。それがこの与えられた問題ありきで、すぐさまその問題の解決に向かうことです。この場合の問いかけは問題発見の「Ｗｈｙ」に対して「Ｈｏｗ」という具体化の方向になります。

これは手段と目的の関係で考えると、（特定の手段に対して「何のためにそれをやるの？」という意味で）**手段→目的が「Ｗｈｙ」、目的→手段が「Ｈｏｗ」というお互い逆方向の関係になります**（図11）。

また、問題発見と問題解決の関係という側面から別の形でこれら

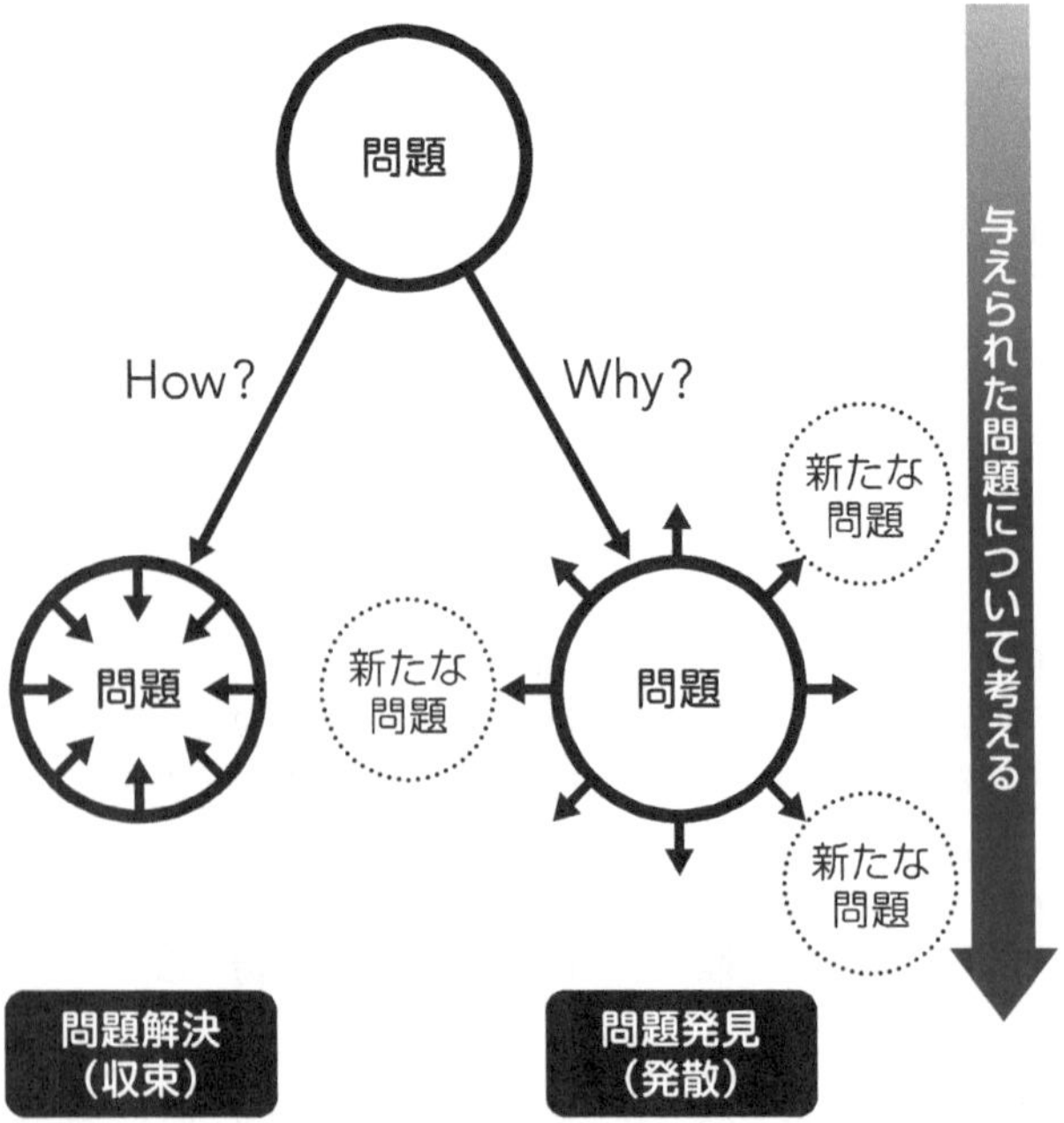

図12　問題発見の思考回路は「外向き」

与えられた問題に「Why」と問い続けると、枠の外側に向かって新たな問題を探しにいく形になる。「How」と問うて問題を解決するのとは、正反対の思考回路となる

「Ｗｈｙ」と「Ｈｏｗ」が「逆方向」となるイメージを示すと図12のようになります。

問題解決の「Ｈｏｗ」は与えられた問題の外枠を疑わずに、その内側を「うまく塗る」塗り方を「どうやってやるか？」（Ｈｏｗ）と内向きに考えることです。これに対して、第1章でも触れましたが、**「Ｗｈｙ」は外側に向かって新たな問題を探しにいくという形**で、内向きと外向きという形でここでも両者は逆方向のものであるといえます。

問題発見は問題解決とはある意味で正反対の思考回路であるというのがここでも表現されています。

「Ｗｈｙ」は他の４Ｗとは決定的に異なる

物事を考えるときに「なぜ？」が重要であることは古今東西さまざまな人が唱えてきたことではありますが、では**なぜ「なぜ？」だけが他の疑問詞に比べて重要であるか**についてはそれほど語られていなかったのではないかと思います（ここでも「なぜが重要である」という「常識」をそのままとらえずにこの常識に対して「なぜ？」をぶつけるという本書の手法を取ります)。

では「なぜ『なぜ?』なのか?」を考える上で、実は「Why」という疑問詞の特殊性を見ていきましょう。先にお話ししたのは「How」という疑問詞と比較しての「Why」の特徴でしたが、5W1Hで言うところの残りの4W、すなわち「Who」「Where」「When」「What」とはどのような違いがあるのでしょうか?

実は通常はひとくくりにされる5Wの中でも「Why」は特別な存在なのです。

それはたとえば以下のようなことです。

・4Wへの回答は「名詞で一言」で終わるが、「Why」への回答だけが「○○だから」となる

たとえば「どこですか?」に対して「北海道」、「いつですか?」に対して「20時」、「誰ですか?」に対して「鈴木さん」というのが4W型の問答です。

ところが「なぜ?」に対して名詞一言で答えても全く意味が通じません。「○○が××だから」と大抵は主語と述語がある文での回答になるはずです。このことは次の項目とも関係してきます。

・**4Wは「個別事象」が対象で「Why」は「関係性」が対象である**

4Wが尋ねる対象は「もの」「時間」「人物」「場所」といったものですが、「Why」が尋ねているのは「手段と目的の関係」「原因と結果の関係」といった、2つ以上の事象の関係なのです。

・**4Wは「点」、「Why」は「線」**

前のポイントは、4Wが一つ一つの点であり、「Why」はそれらをつなぐ線であるという違いです。つまりこれらの間には0次元と1次元という、「次元の違い」があるのです。

・**4Wは繰り返せないが「Why」は繰り返せる**

「『なぜ?』を5回繰り返せ」というのは製造業の現場等で、トラブルの真因を追求する際に唱えられてきたことです。まさに表面上の問題だけではなく「真の問題を発見する」ために「なぜ?」が活用されてきた実例と言えます。

この場合は結果に対する原因という関係を「さらにその原因は?」「さらにその

原因は？」と問いかけることで「根っこ（真の問題）から根絶する」ことにつなげています。

今節では問題発見に対する基本中の基本であり、かつ応用範囲も広い「なぜ？」に対するなぜを考えました。次節ではこの特殊性が問題発見とどのように関係するのかを少し抽象度を上げて考察します。そのために「そもそも『問題』とは何なのか？」という問題そのものへの問いから始めたいと思います。

10 問題発見とは新しい「変数」を考えること

「Ｗｈｙ」により「空に上がって視野を広げる」

前節のテーマとした「Ｗｈｙ（なぜ？）」が問題発見にどのように寄与するかについて今回はさらに深掘りしていきます。

まずは「Ｗｈｙ」というのは「視野を広げる」ことにつながるということです。**問題を発見する段階においてはなるべく大きな視点に立ち、視野を広げることで、観点をさまざまに拡散させてみることが重要**です。逆に問題を解決する場面では必要以上に視野を広げずに収束型で考えることが重要です。

ではここで「Ｗｈｙ」がどのように視野を広げるのかのイメージについて解説しましょう。

まず前節の、「Ｗｈｙ」とは関係性を問うものであるところから、以下のような構図になります。

「なぜ？」には大きく2つの方向性があります。

それは「過去に向けて」と「将来に向けて」です。

次のページの図13を見てください。「過去に向けて」というのは、原因―結果の関係を追求するもので、「将来に向けて」というのは手段―目的の関係を追求するものです。

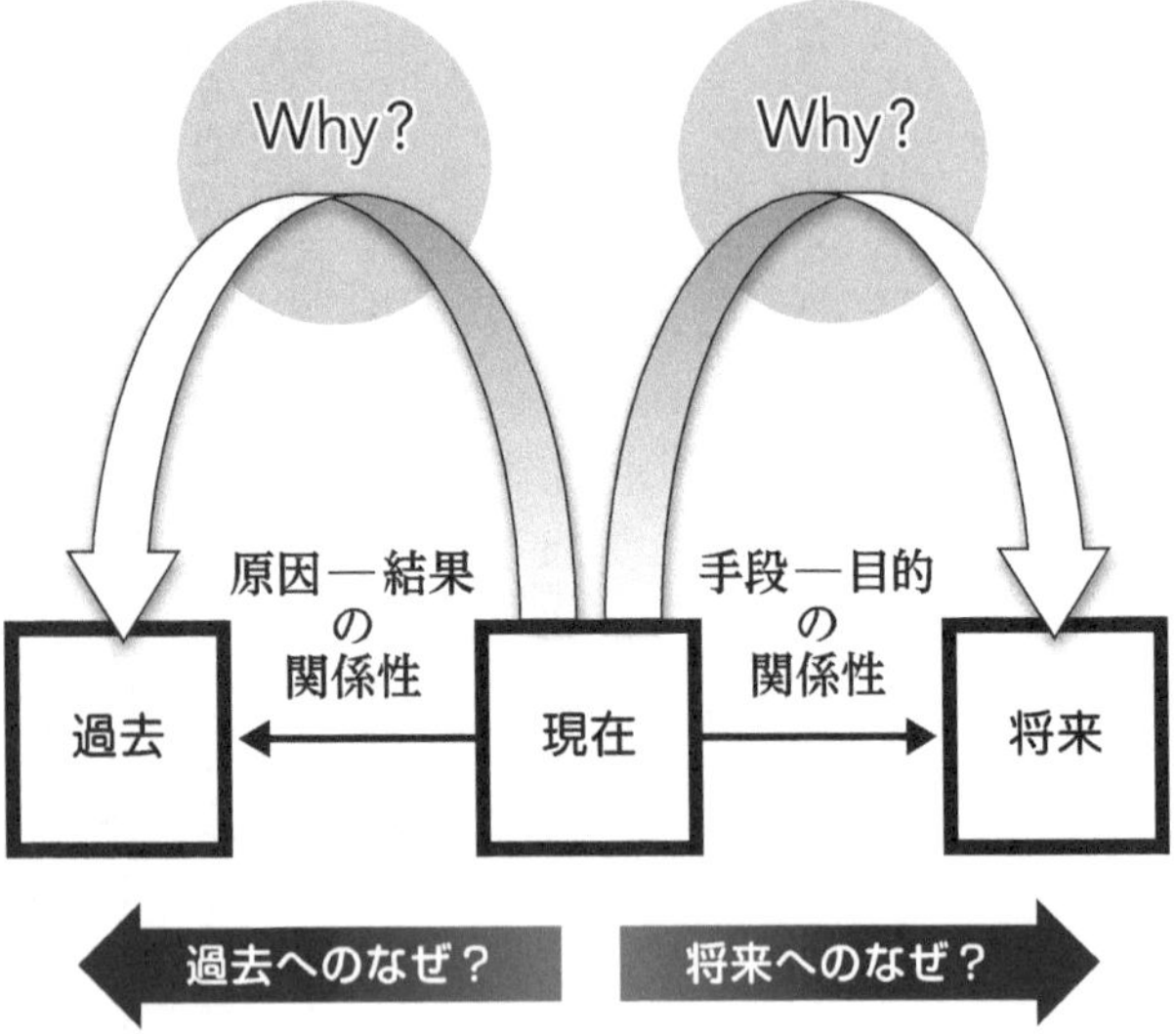

図13　過去への「なぜ？」と将来への「なぜ？」

過去に向けて「なぜ？」と問うと、原因—結果の関係を追求することになり、「真の原因」にたどり着け、将来に向けて「なぜ？」と問うと、手段—目的の関係を追求することになり、「最上位目的」を考えられるこのように「なぜ？」あるいは「Ｗｈｙ」は現在と過去や未来という時間軸の関係づけをするものであり、これによって目に見えている事象を超えてゆく視野の拡大を実現することができます。

しかもそれを過去に向けて行えば**「なぜ？を5回繰り返せ」にあるように、「原因のさらに原因」そして「さらにその原因」と繰り返すことで「真の原因（＝真の問題）」にたどり着くことが可能になる**というわけです。

これに対して将来側の話では、目的の目的、そしてさらにその目的といった形で最上位目的を考えることで、実現手段の視野を広げることになるのです。

たとえば、たびたび本書でも例に出している「○○について調べる」ことの目的が「顧客への提案」だとすれば、さらにその目的はたとえば「来年度の顧客予算の確保」かも知れないし、「顧客の顧客への提案」かも知れないのです。

それによって、調べることは○○だけでなく××もあった方が良いのではという形で、必要な手段の幅が広がっていきます。

問題発見とは新しい「変数」を見つけること

ここまで「なぜ？（Ｗｈｙ）」が「関係性」であることを見てきました。

これを前節の表現でいうと、「点」である４Ｗ（「Ｗｈｏ」「Ｗｈｅｒｅ」「Ｗｈｅｎ」「Ｗｈａｔ」）に対して、「線」（関係）である「Ｗｈｙ」の違いということになります。

「点と線」という関係は、点が０次元に対して線が１次元という「次元の違い」になります。さらに言えば「面」が２次元で「空間」が３次元ということになります。「次元」というのは言い換えると、「変数の数」と言い換えられます。

別の言葉で表現すると、たとえば１次元の座標はｘ、２次元はｘとｙ、３次元はｘ、ｙ、ｚといったことです。

ここで、本書のテーマである**「問題」というものを再定義してみると、それはまさにこのような変数の集合体である**といえます。

例を挙げましょう。

「新商品の開発」という問題を取り上げてみましょう。

たとえば椅子でもパソコンでもお菓子でもよいです。これらを開発するということはそれらの「仕様」を決めることでもあります。椅子ならサイズや構造、材質や強度といったもの、パソコンならCPU性能、メモリ容量、SSD容量、画面サイズといったものです。

このような各製品の仕様を定めているものが変数ということになります。先に挙げたものは比較的定量化が簡単なものですが、たとえばデザイン性とか使いやすさといった定性的なものもあり得ます。このような変数を定義してそれを最適化するのが問題解決ということになります。

さらに言えば、ここでの**問題発見というのがこれらの「変数」を決定する行為に他なりません。**

そこで定義された問題（＝変数の集合）の各々の変数を最適化するのが問題解決ということになります。

よく製品の比較表というものがありますが、そこでの比較項目の全体が変数の集合体で、最適化とはそれらのバランスをとって優先順位をつけるとともにライバル製品に対しての差別化を明確にしておくことです。

比較表が出来上がったのちにそこからスタートするのが問題解決なら、その前段階としてそもそも**どういう項目で比較するのか。さらに言えばその比較表にない項目を新たに作り出して新たな顧客ニーズに応えようとするのが問題発見です。**

たとえばそれまで機能性だけが重要と思われていた製品にデザイン性を取り入れるとか、味と食感が重視されていた食べ物に香りを取り入れるといったことです。

自動車、電気製品で「変数」を考える

さて皆さんがかかわっている製品やサービスの重要な「変数」とは何でしょう？

またそこには歴史とともに追加された「変数」はなかったでしょうか？


たとえば自動車や電気・電子製品で考えてみましょう。

これらを購入する際に私たちはよく複数の製品の比較表で様々な仕様を検討比較することがあるでしょう。車であれば排気量や燃費、あるいは荷物の積載量といっ

たものであったり、自動運転に関する様々な機能のありなしといった具合です。

スマートフォンなどの電子機器であれば、画面サイズ、電池容量、カメラの画素数に加えて、電子決済機能などの機能のありなしと、これも全く同様の構図になるでしょう。

ある程度成熟してきた製品では、「いかに燃費をよくするか」「いかに画素数を増やすか」といった変数の改善が競合の会社間で繰り広げられるわけですが、そこから何らかの不連続なイノベーションが起きる場合には、全く新しい機能群を表現する変数、たとえば「折り畳みディスプレーのサイズ」などといったものが出てきます。

先に述べた変数の例でいう、「○○機能の有無」というのもある意味で新しい変数と言えなくはないですが、ここでは他社の比較表にそもそも載っていない項目を作り出すという点で、新しい変数＝問題を作り出すという意味で表現しています。

11 問題発見の仕方を体系的に理解する方法

解決すべき問題＝「変数」

問題とは「変数の組み合わせ」であり、問題発見とはその変数を新たに探し出すことであると前節でお話ししました。

ではこの「変数」というイメージが実際のビジネスや日常生活における問題解決とどのように関係があるかを前節とは別の切り口からも見ていきましょう。

皆さんの仕事や日常生活における問題での「変数」とは何でしょうか？

旅行であれば、たとえばホテルの満足度、訪れた名所旧跡の話題性、料理のおいしさといったものが「変数」になり、これらをいかに最大化できるかが旅行の楽しさを決定することになると思います。

これらの重要性、あるいは優先順位のちがいは時と場合によって異なるかと思います。これがさまざまな問題の違いということになります。

ビジネスや仕事になれば、それはさらに定量的で測定が可能なものが増えてきます。たとえば飲食店等の小売りにおいては、売り上げやネットの評価に象徴される顧客満足度といったものが通常時の「変数」として挙げられるでしょう。

先に第2章の5で言及した「忙しい」や「値段が高い」が言い訳になってしまうメカニズムもこの変数という観点から説明ができます。

通常「忙しい」とは（何かをするための）「時間がない」とほぼ同義で使われることが多いかと思います。ただ考えてみればこれはおかしな話です。時間ほど世界中の人全員に平等に与えられているものはないのに、それが「足りない」とは一体どういうことでしょうか？　と考えるだけでもこの発言のおかしさがわかります。

要はここでの問題は「変数は実は時間ではない」（「仕事の優先順位」や「効率性」や「不要不急の作業の多寡」）という「変数の転換」に気づけるかにあるということです。

同様な話は「価格」という変数でしか問題を見ることができない営業担当も同じです。時間と同様お金というのも単なる尺度でしかないので、それを他の変数（コストパフォーマンスや拡張性、あるいは営業担当者の説明のわかりやすさ等）に転換できるかがここでの「真の問題としての変数」を見つけられるかどうかに大きく影響してくるのです。

たとえば緊急事態宣言で「変数」はどう変わったか

ところが非常時、たとえば新型コロナウィルス（以下コロナ）による緊急事態宣言時（2020年4～5月）のような状況では、解くべき問題（＝変数）が変わってきます。

何しろお店を開けることができない、あるいは無理やり開店させたとしてもほとんど集客が期待できない状態では、「問題」は売り上げや顧客満足度ではなく、いかに出血を止めるかという「資金繰り」へと変わるはずです。

つまり変数は「キャッシュフロー」（を最適化すること）になったということです。

同様に、当初は「経済活動」（を最大限維持すること）と「感染者数」（を最小限にすること）という2つの変数のトレードオフが解くべき問題だったコロナ対策は、医療システムの崩壊リスクが目前に迫ったことによって「入院患者数」（を最小にする）という変数を最優先とした施策へと変化しました（これを最優先の変数としたために、たとえば「ＰＣＲ検査数」といった他の変数の優先順位が結果として下がったことになります）。

同様に、国によって、あるいはその感染状況の進展状況によって本問題に関する「変数」は異なっていました。つまり同じコロナ対策といっても複数の種類の「問題」が同時進行していたためにその解決策も千差万別であったことになります。

問題発見と問題解決の「変数」の扱いの違い

このように緊急事態宣言による自粛は問題としての「変数」を変化させました。つまり、この過程においてさまざまな問題が定義し直されていたことになります。

ではそのように定義された変数は、それを解決するに際してはどのように取り扱われるのでしょう？

問題発見型の思考では上位目的（Ｗｈｙ）を問うことで変数を再定義していくのに対して、問題解決ではそれとは逆方向に「どうやって解決するか」という「Ｈｏｗ」を問うていくことになるのはこれまでお話ししてきたとおりです。

先の「キャッシュフロー」を最適化するために、今度はこの構成要素を分解して別の変数に「落とし込む」のが問題解決の方向です。

まずは売り上げが見込めないのであれば、コストを最小化すること、あるいは借入金を増やすというのがキャッシュフローを分解した変数です。

さらにはコストを分解して変動費と固定費にして、特に固定費に着目するとか、借入金をどうすれば増やせるかなどという形へと変数に対する施策はさらに分解されていきます。

このように、**問題発見は新たな変数へと拡大させて別の問題を考えていくのに対して、問題解決ではある変数を分解することで、どこから着手すべきかという方向に向かっていく**という違いがあります。

図14は、ここまで述べてきたようなことと「変数の扱い方の違い」について問題発見と問題解決の違いをまとめたものです。

このように、私たちの身の回りに起こっている問題に関して「どの変数が一番重要なのか？」という観点で見てみると、問題の発見や解決の仕方が少し体系的に見えてくるのではないでしょうか？

問題発見	問題解決
変数を決定する	変数を最適化する
候補の変数は 多い方がよい	変数は 少ない方がよい
新たな変数を探す	変数を「因数分解」する

図14　問題発見と問題解決における「変数の扱い」の違い
問題発見は新たな変数をいろいろと探していくことで、別の問題を考えていくことである

また、コロナ対策に関しても、「違う問題を見て解決策の良否を議論している」可能性がかなりの割合で起こっていることもわかってもらえるのではないかと思います。

次節以降、さらに「問題とは何か？」という根本的な問いに対する別の見方から、ではどうすれば新たな問題を見つけられるのかを考えていきます。

12 「ポジティブな文句を言う」ことが問題発見のコツ

問題を解決するためには変数を固定して絞り込む

問題とは「変数」であり、問題発見とはその変数を探し出すことであるとお話ししてきました。前節の最後に問題発見と問題解決における変数の取り扱いの違いについて比較をしましたが、その補足をしておきます。

問題解決においては変数は固定され、しかも数は少ないに越したことはありません。

変数の数というのは問題の複雑さを示し、少ない方が単純であることを意味するので問題を解きやすくするには、問題を固定して少なくすることが重要です。

会社のマネジメントでも多くの人の方向性を合わせて目標を達成するためにはそれを限られた変数にして可視化することが求められます。

一部の会社でやられていたような「売り上げを担当別にオフィスの壁に張り出す」とか、工場で言えば「歩留まりや不良率の傾向を分析する」といったことがその象徴です。

そのような**「指標管理」が組織としての問題解決の方法**です。

ごく単純化していえば、企業の指標としては「株価」あるいはそのための具体的なパフォーマンスとしての「利益」がその代表です。

が、ここでも管理形態として「コスト」（という一つの変数）を指標としたコストセンターという概念と、「コストと売り上げの組み合わせ」としての「利益」を指標とした「プロフィットセンター」という概念がありますが、管理の複雑性は変数を増やせば上がってきます。

疫病対策においても「医療システムの維持」と「経済システムの維持」というのは、いわば「ブレーキ」と「アクセル」の関係になります。

感染対策が本当に深刻になった場合には、「アクセル」側の変数の優先順位をいったん下げて「ブレーキ」に特化することで問題を単純化することが解決を早めますが、事態が収束してきたのちには再び「アクセル」という変数を増やすことでさらに上位の（経済も含めた）社会システムの維持という複雑な問題に取り組んでいくことが必要になってくるというわけです。

問題とは何から生じるのか？

しばらく「問題とは変数である」という視点から問題の発見の仕方やその解決の仕方について考えてきました。

ここでさらに「問題とは？」という問いをさらに掘り下げて、別の視点から「そもそも問題とは何から生じるのか？」という観点から論じてみたいと思います。

まず私たちが日常「問題が起こった」という場合、ほとんどは否定的な意味合いではないかと思います。ファミリーレストランでお客が怒っているとか道路に穴が空いているといったものです。

そこでの「否定的」というのは何に対してかというと、これも最も一般的なパターンは「通常時」つまり「何も起こっていない平常な状態に対して」ということになります。つまりこの場合における**問題は「通常時と異常時のギャップ」**ということになります（112ページ図15の下段）。

これを少し応用すれば、ギャップはポジティブな側でも良いことになります（同図15の上段）。これが「もう一つの問題」の定義です。

つまり、**「いまよりも良くなった状態」（あるべき姿）を思い浮かべてその状況と現状との違いを「問題」として定義する**というものです。

これらを比較してみると、前者というのは「クレームが発生している」とか「穴が空いている」とか「機械が動かない」という形であえて頭を使って考えなくても簡単に発見できますが、本書で対象とするような問題発見というのは後者の方です。

それは、将来あるべき姿というのは、想像力や創造力といった思考力を使ってあえて考えないと現れてこないからです。

レストランの机上のアンケートに「料理が出てくるのが遅い」「スープが冷めていた」「テーブルが汚れていた」等という「ネガティブな問題」を書く人は多いでしょうが、そこに「こうすればよくなる」という要望を書く人はそれに比べれば圧倒的に少ないでしょう。

これがここでいう問題発見の難しさで、要は「あえて普段から意識していないと

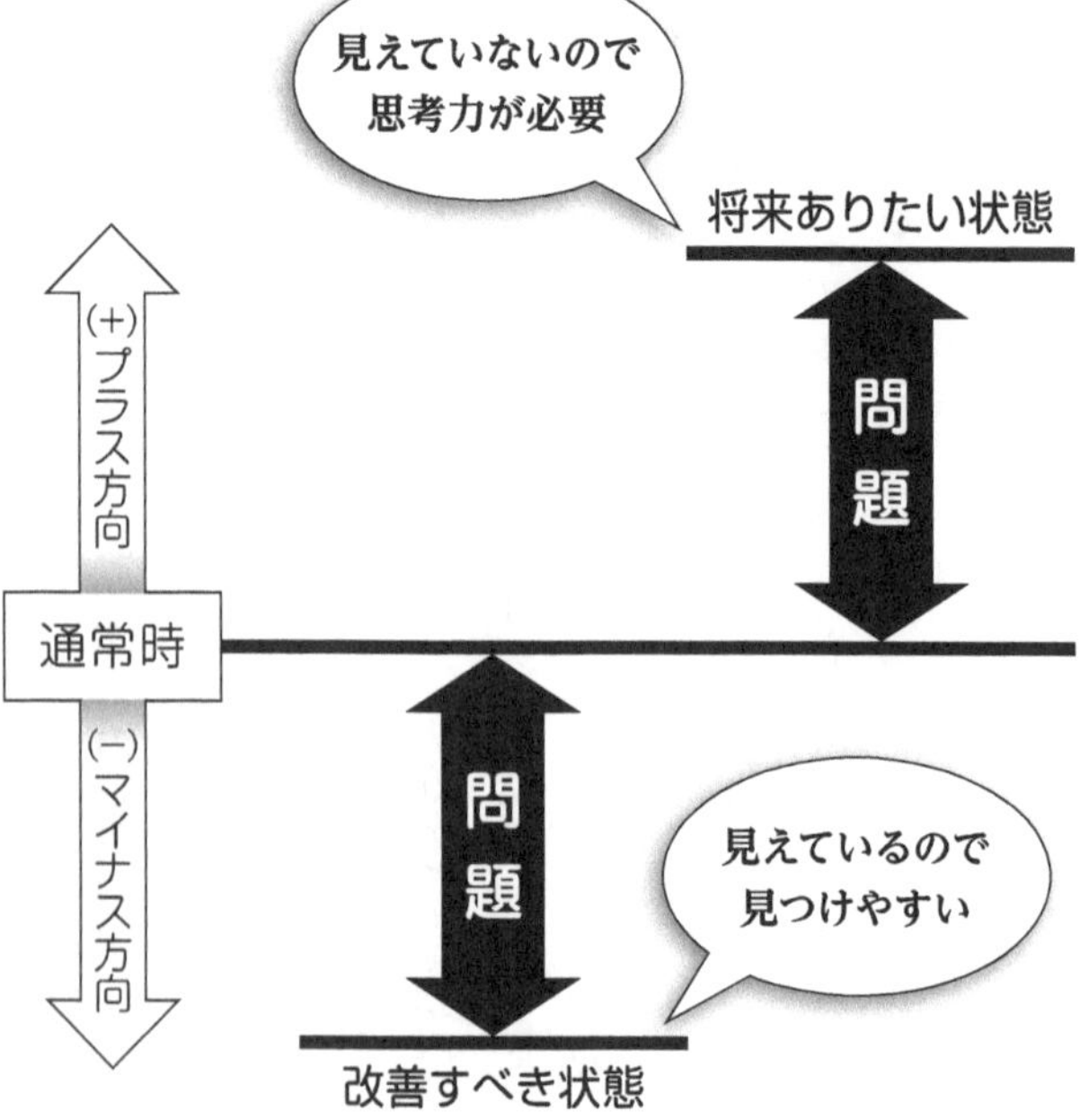

図15　２種類の「平常時とのギャップ」

通常時とのネガティブなギャップは、改善すべき点が見えているので問題を見つけやすい。逆に、将来ありたい状態と現在とのギャップ、いわばポジティブなギャップは見えにくいので、問題を見つけるために、より思考力が必要となるできない」ということです。

これは人間関係でも同様で、ついつい他人の愚痴が多くなるのは、勝手に自分で設定した期待値に対して相手がネガティブな方向に行っているのを見つけるのは簡単なのでそうなるわけです。

上司と部下の関係しかり、会社のあり方、ひいては国家のあり方しかりです。

「文句をつける」という問題発見に対して**「こうすればもっとよくなる」という問題発見は常にこのバイアスを意識して、「文句を言いたくなったときにそれをぐっと我慢してポジティブ側に変える」という思考の習慣を持つことで実現できます。**

別の表現をすれば、**「文句ばかり言っている人」というのはある意味「問題を見つける」ことのプロフェッショナルなわけで、これをポジティブに変える**ことで、さらに前向きで普通の人ができない問題発見ができるようになるのです。

皆さんが最近感じた不満を思い出して、それを「負の問題」で終わらせずに「正の問題」に変えてみてください。とかく不満がたまる中、少しでも前向きな「コロナ後」の未来が描けるのではないでしょうか?

第４章　「ギャップ」に問題発見のヒントあり

13 「顧客の期待値をコントロールする」重要性に気づいていますか

問題は事実そのものではない

問題とは「ギャップ」のことであるというのが前章のお話でした。**ギャップには大きく分けて、ネガティブ側のもの、つまり通常状態にもどすべき負の状態のものとポジティブ側のもの、つまりあるべき望ましい姿と現状とのギャップ**という2通りがあります。

ここで注目すべきは、「ギャップ」としての問題には必ず2つの状態が関わっていることです。考えやすいのはネガティブ側の方なので、そちらを例にとります。

たとえば誰かがお皿を床に落として大破させてしまったという状況を想定してください。これは一体どの程度大きな「問題」でしょうか?

皿が大破したという事実は一つですが、これがどの程度の問題かというのは人によって違うでしょう。そのお皿が誰かとの思い出の品という「世界で一つの価値をもつもの」であれば、これは下手をすれば何年も尾を引くような大問題になるでしょう。でもこれが「もともとその皿は捨てようと思っていた人」から見れば、「ちょっと気をつけて掃除しよう」という程度の軽微なものである可能性もあります。

なぜそれらが人によって違う問題になるかと言えば、事実が一つなのに、それに対する「もどすべき状態」あるいは「あるべき姿」が人によって異なるからです。

当たり前のように思えるかと思いますが、問題をこのようにとらえることで、**実は問題というのは、私たちが事象をどのように解釈するかによって変わってくる**ということになります。

問題発見が私たちの思考力とどのように関わっているのか、その答えがここにあります。

要は問題というのは事実そのものではなくそれを認識する私たちの頭の中にあるのです。したがって**身の回りのものを見てさまざまな問題が見つかる人とそうではない人が出てきます。**

たとえば完璧主義者の人というのは、あるべき姿のレベルが高いので、他人と同じ事象を見てもそのギャップが大きく感じられます。ですから人一倍さまざまな問題が見つかることになります。

逆に言えば、完璧主義者の人には悩みも大きくなることになり、必ずしも良いことではないというのもわかります。

前章で「不満や文句が多い人は問題を見つけるのが得意である」と言いましたが、完璧主義者にこういう人が多いこともうなずけます。

このように**「問題は常に2つの状態の比較からくる」ことを肝に銘じておくと、日常生活や仕事における行動パターンも変わってきます。**

値段そのものより「相場観」を考える

多くの人は仕事をするときにその成果物や作品の品質を上げることによって「いい仕事をする」ことを目指しますが、ここまで述べてきたポイントに照らして考えれば、これは問題の「2つのうちの1つ」だけにしか着目していない行動と言えます。

たとえばわかりやすいのが「価格」です。多くの商品は安ければ安いほどよく売れるので、必死でコストダウンを目指して材料を工夫したり人件費を削ったり工法を改善したりといった施策を打ちます。ところが価格に対する評価というのは多分に心理的なものであり、まさに私たちの心のもちようと大きく関連します。

価格に対する評価が心理的なものであるというのはよく言われる話ですが、**ここでの「心の中のあるべき姿」というのがいわゆる「相場観」**で、私たちが何かを高いとか安いと感じるのは、まさにこの相場観によるところが大きいのです。同じものでも状況によって相場観が異なるのは、場所によってものの値段が変わることからわかります。

あるいは、タクシー料金のように「どこでも同じもの」と人々が思い込んでいるものと、「時と場合によって大きく変動して当たり前」と思っている飛行機代やホテル代のようなものとでは大きく価格に対する考え方が変わります。

また**意外に大きく働く相場観として、「前回いくらで買ったか」も忘れることはできません。**

つまり、最初にものを売るときというのは特に気を付けて値付けをする必要があります。「とにかく買ってほしい」の一心で安易に値引きをしてしまうとその後に値上げをするのは非常に難しくなります。１回目の買い物で強力な「相場観」が形成されてしまうからです。

特に**Ｂ２Ｂ（企業間取引）のビジネスでこれは顕著で、最初の購買における値段の妥当性の説明は極めて大変ですが、一度予算として組み込まれてしまえば、あとは「前回並み」ということでいとも簡単に承認されてしまう**というわけです。

「期待値のコントロール」がなぜ大切なのか

ここまで「価格と相場観」という形で問題と私たちの頭の中のあるべき姿との関係を見てきましたが、これをさらに一般化して考えれば、「顧客の期待値」という考え方になります。

「モノやサービスをよくすること」と「顧客の期待値をコントロールすること」は同様に考えられてしかるべきなのに、実際は圧倒的に前者の方に重点が置かれてしまいます。

皆さんの身の回りの問題において「顧客（商売でなければ仕事の依頼人）の期待値」をコントロールするとはどういうことかを改めて考えてみてください。

たとえば、品質保証という行為も実際にはこのように「2つの変数」を意識することが必要です。なんでもかんでも製品仕様のグレードを上げることが品質保証につながるとは限りません。

繰り返しある製品を利用している人にとってみれば、「いままで使っていたものと同様のもの」が最高品質である可能性がありますから、必ずしもカタログ上の数値を向上させることだけが品質（ここでは顧客の満足度）を上げるとは限らないのです。

同様のことはプライベートの贈り物をする場合にも当てはまります。

相手の気を引こうとやたらに事前の期待値を上げてしまうケースがありますが、贈り物をもらったうれしさは期待値とのギャップということもできますから、いかに期待値を下げておくかというのも大事な要素とも考えられます（次ページ図16）。

安い買い物をしたときなど、ついつい周りの人に言いたくなる時がありますが、そこで「これいくらで買ったと思う？」と聞くのが逆効果になる場合があるのは皆

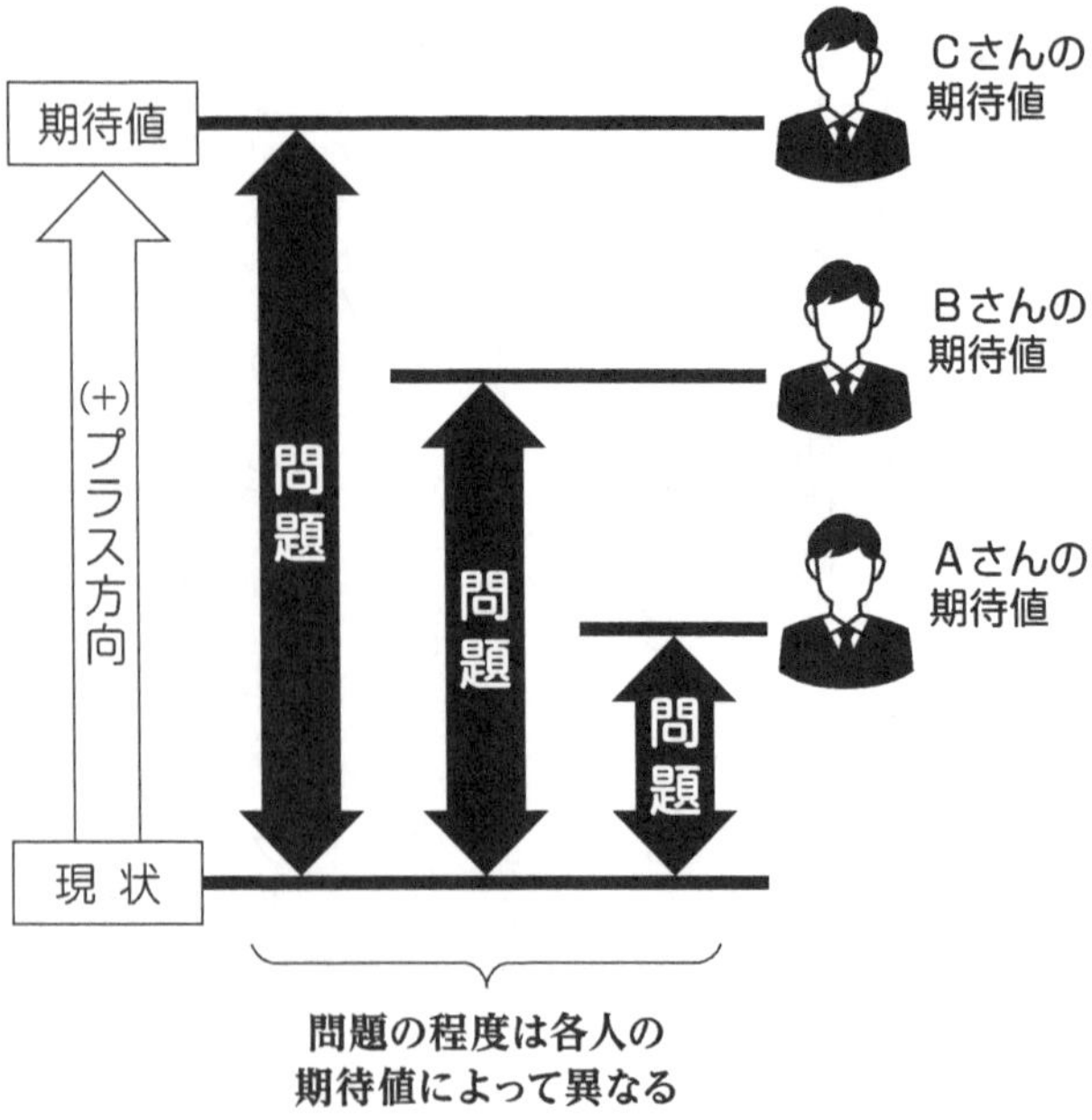

図16　「問題の程度」は各人の期待値によって変わる

問題は、各人が事象をどのように解釈するか、どのように認識するかによって変化する。期待値が大きいとギャップも大きいので「問題の程度」も上がるさん経験済みでしょう。この質問をすることで相手の想定する「相場観」を下げてしまう（「相手は「いかに安いか」を言いたいんだなぁ」と悟られた場合）ために、実際の値段を言っても意外に驚かないという具合です。むしろこの場合、いきなり「これ○○円だったんだよ」と言ってしまった方が効果的です。

「サプライズ」というのもまさに「ギャップ」の産物ですから、この場合もコントロールすべき変数が2つであることを意識しておくことが必要になるでしょう。

14 新しいビジネスは「偏在」を発見することから生まれる

「偏在」を発見する

前節の期待値管理に関連して、問題とは何かの一つの答えは「ギャップ」でした。これを別の観点から応用すれば、**問題とは「偏在」であるという定義もできます。**

偏在とは文字通り「偏って存在している」ことで、「こちらにはあるがあちらにはない」あるいは「こちらは満員だがあちらはガラガラだ」というような状態を指します。

これがなぜ「問題」になるかといえば、当然**偏在は何等かの不公平を生みだしたり、稼働率の高低差を生み出します。**もちろん意識的に偏らせているような場合は問題ありませんが、特に「優劣」を生み出す場合は、劣っている側の人は何等かのきっかけがあればそれを解消したいと思うでしょうから、その機会を提供すれば自然にそれが平準化されていくというわけです。

ビジネスでのわかりやすい例でいえば、価格というのは需要の逼迫《ひっぱく》度によって大きく変化しますので、需要変動が大きいような商品やサービスではこのような偏在が存在することになり、それに伴って価格も大きく変動することになります。

需要のピーク時には顧客は必要以上に高い価格を受け入れざるを得なくなるとともに、サプライヤの側としてはオフピーク時に必要以上に値下げをせざるを得なく

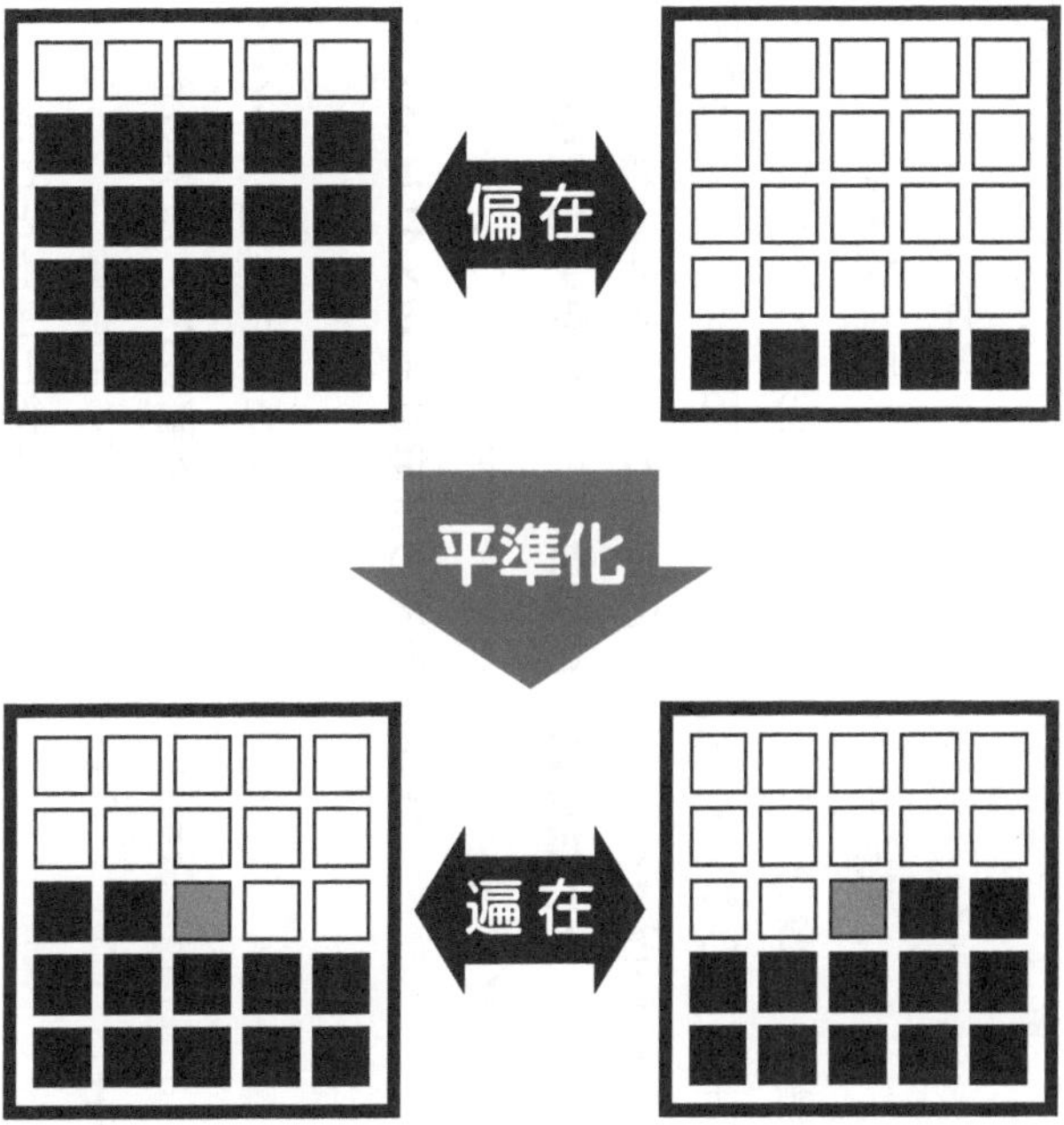

図17　「偏在」の平準化

「偏在」は問題発見の大きな目の付け所。偏在を平準化することがビジネスでの問題解決になることも多い

なるといったことも生じ得ます。

したがって、問題発見の目のつけどころの一つはこのような偏在に目を向けることです。その結果、その偏在を解消する（「偏在」を「遍在」に変える）ことで問題を解決することが可能になります（前ページ図17）。

シェアリングエコノミーは偏在の解消だった

昨今のビジネスのトレンドとなっていた**シェアリングエコノミーは、まさにこのような偏在を解消するための解決策として登場した**といってもよいでしょう。

シェアリングエコノミーの代表選手とも言えるAirbnbは、季節や曜日によって利用率に偏在が見られる部屋の稼働率を上げるための解決手段と言えます。

たとえば「夏（冬）しか使わない」といった季節間の偏在、「平日（休日）しか使わない」といった曜日間の偏在があるような部屋であれば、この偏在を解消するためにルームシェアの仕組みを活用することができます。

UberやGrabといったライドシェア（配車サービス）も、乗るときと乗らないときに差がある場合の偏在をなくすという側面があります。

また、通勤時間帯などに、公共交通機関や道路などが混雑する一方で、その時間帯も自家用車通勤であれば「運転席以外のほとんどの座席が空いている」という、ことなる分野間の偏在を解消するという側面もあります。

他の例としては、昼と夜しか開いていない居酒屋と朝しか使わないビジネスホテルの朝食会場などは補完関係としてはぴったりはまることもあり、近年見られるビジネスホテルの一階の居酒屋が朝食会場になるといった「問題解決」も典型的な偏在解消の例と言えるでしょう。

シェアリングエコノミーは地球にもやさしい

さらにこれを一般化して考えれば、「部屋」や「座席」以外でも偏在があるもの全てに関してそれらを平準化するという問題解決の方向性が考えられるため、そのような**偏在を見つけることが**先に述べた通り、まさに**問題発見の目の付け所**ということになります。そこでうまく上記のような**補完関係にあるニーズを見つける、あ**

るいは創造することができれば、それが問題解決の方向性になります。

近年、さまざまな機器などでシェアリングエコノミーが進み、たまにしか使わないようなもの（つまり利用時期が偏在しているもの）については所有から共有へという流れが加速しています。

これはここまで話してきた「偏在」という昔からあった受け皿に加えて、スマートフォンやその上で走るアプリといったＩＣＴの進化というシーズ側の進化がうまく組み合わさったことで、新たなニーズが掘り出された結果と言えます。

これに加えてもちろんシェアリングエコノミーの背景には「ろくに使いもしない」機器を各個人の所有のために生産するという地球環境にやさしくない状況を解消するという側面もありました。

新型コロナがもたらした変化

……と、ここまでが２０２０年の初頭までの状況だったわけですが、この状況は新型コロナ危機によって一気に水を差されることとなりました。

いまや「どこの誰かもわからない他人が使った（触った）ものを共有する」のは感染防止の観点から完全に控えるという「ロータッチ・エコノミー」の方向になりつつあります。スーパーなどでのレジ袋有料化を目前に控えての緊急事態宣言で、むしろエコバッグ持参が歓迎されなくなるという大変皮肉なことも起こってしまいました。

とはいえ、先に挙げたようなニーズの側がなくなるわけではありませんので、私たちは次の時代に向けた新しい共有の仕組みが必要になってくるでしょう。

15 ますます重要になる「アナロジー思考」

「あるところ」から「ないところ」に移動する

問題とは「偏在」（偏り）であり、その偏在を見つけ、解消することが問題解決の一つの側面であることを前節でお話ししました。例として稼働率や利用率の偏りを見つけてそれを平準化するための手段としてのシェアリングエコノミーにおける部屋や座席の有効利用を挙げました。

さらに**偏在解消のもっとも簡単な例は片方（A）にあるがもう片方（B）にない状態を改善するためにものをAからBに移動するというもの**で、古くからある物々交換というのがまさにこのパターンです。

肉を豊富にもっている人と野菜を豊富にもっている人同士が肉と野菜を交換することでお互いの不足を解消するという、ビジネスの原点と言えるでしょう。

これをさらに国や地域の単位に広げたのが貿易です。貿易もあるところとないところの差をなくすという基本的な問題解決と言えます。

この場合は単に「ある場所からない場所へ」の移動に加えて「値段が安いところから値段が高いところへ」という、価格差の解消という側面もあります。

このような**「差の解消」を極めたのが金融の世界**で、たとえば為替取引がわかりやすいですが、価格差があれば必ずそこで利益を上げようとするインセンティブが働き、それが「平準化」される方向に動きます。

金融の世界ではこれは「アービトラージ」（日本語では「裁定」）と呼ばれています。そもそも**ビジネスのほとんどはこの「アービトラージ」の考え方の応用であり、多くの問題解決はこの構図である**ことは少し考えればわかると思います。

価格差の解消、稼働率の差の解消、存在の有無や密度差の解消、ニーズやシーズの偏在の解消といった具合です。

つまり問題発見とはこれらの差を見つけることであり、その差が見つかればそれを合理的に解消する仕組みをつくることで、シーズの充実（「ある側」のリソース）によってユーザニーズ（「ない側」の渇望感）を満たすのが問題解決です。

わかりやすい例が海外で成功した先進的な事例をまだそれが導入されていない日本国内に導入するという、（ソフトバンクの孫正義さんが唱えていたといわれる）「タイムマシン経営」というものです。「タイムマシン」というのは進んでいるところと遅れているところの「時間差」を利用することから来た表現と言えるでしょう。

アナロジーは思考による「知識差の解消」

製品やサービスに関しての差の解消を国や地域の間でするのがタイムマシン経営だとすれば、これをさまざまなアイデアという対象で行うのがアナロジー思考です。**アナロジーを簡単に表現すれば、「遠くから借りてくる」ことを意味します。**

ここでいう遠くとは、一見全く違うように思えるような無関係の領域、同じ業界内ではなく全く関係なさそうな業界、ビジネスのアイデアであれば同じビジネスの中ではなく、歴史上の出来事や遊びといったものを意味します。

ここでもポイントは「AにあってBになければAのアイデアをBに持ってくる」ということです。

たとえば電機業界にある考え方を自動車業界に持ってくる、あるいはその逆といったことです。まさにいま自動車業界は電気自動車や自動運転車の発展等の変化によって、電子機器業界のようになりつつあり、アイデアなり考え方の移転が起こりうると考えられます。

「必ずしも完成品メーカが部品メーカより優位な『ピラミッド的な』構造にあるわ

けではなく、**希少性があって差別化された部品メーカが完成品メーカよりも強い立場にあることもある水平的なフラットな構造**である」という発想は、今や電機業界（たとえばＰＣにおける完成品とＯＳやＣＰＵ等）では当たり前の発想です。

自動車業界はどちらかといえばピラミッド構造で、水平的な構造はあまり根付いていない考え方だったと言えます。ところが近年電機業界に起こった上記のような構造の変化によって**「同じような変化が起こってくるのではないか」という予測ができるのもアナロジー的な発想**です。

同様にUberやGrabといった、「スマホで必要な時に簡単に周囲から利用可能なサービスを呼び出せる」というビジネスのやり方は配車サービスやタクシーといった世界だけでなく、食事の宅配（UberEatsやGrabFood）、買い物や犬の散歩、あるいは掃除や荷物運びといったさまざまな領域に応用されています。

これも業界や製品、サービスの壁を越えて「あるところからないところにアイデアを移転する」というアナロジー思考の産物と言えます。

このように、**一見関係なさそうな商品やサービスの売り方や特徴を別の商品やサ**

ービスに適用するのがアナロジーです。ここには単に「ある世界からない世界へ移転する」ということまで述べてきた他の例とは少しだけ違う視点が求められますが、その方法は次節で詳しく解説したいと思います。

同様に、A業界で起こっていることをB業界に当てはめてみるというのはアナロジーの常套手段です。さらには、戦国時代や明治維新、あるいは過去の戦争等の歴史上の出来事や流れをいまのビジネス界に当てはめるという「歴史からのアナロジー」や人間の一生を会社の一生になぞらえてみる（改めて考えると意外なまでに似ていることに気づかされます）、あるいは動物や植物の世界の出来事を人間に当てはめてみるというように、遠くも世界の共通点と相違点に着目してこれらをつなぐのがアナロジーの発想です。

ここからわかるように、アナロジー思考には2つ考慮すべきことがあり、一つ目はさまざまな世界に関心をもち、特に自分から遠い世界の知識を普段から得ておくことです。

そしてそれを活用するためにもう一つ必要なのが、それら「一見まったく異なるもの」を抽象度の高い共通点でつなぐ抽象化の力です。
ここでのヒントは「単なるパクリ」と「アナロジー」はどこが違うかということです。

16 簡単に真似されないビジネスを生む発想法

単なるパクリは具体、アナロジーは抽象の共通点探し

問題発見とは「差を見つけることである」と前節でお話ししました。要は2つの世界を比較して、**Aの世界にはあるがBの世界にはないものを見つければ、それがBの世界にとっての問題**ということになります。

そこでAにあるものをBにもっていけばBの世界における不足が解消されることで問題が解決するというわけです。ビジネスや経済の世界では、需要と供給の関係、あるいはニーズとシーズの関係がこれらに対応します。

同様に、**この構図を知識や情報、あるいはノウハウといった知的な世界で行うのがアナロジー思考です。**

しかしながらここには一つ大きな違いがあります。Aの世界にしかないものをBの世界に持ち込むことで利益を得るという、一般の貿易やアービトラージ（裁定）取引においては、必ずもらう側が何等かの対価を払う必要がほとんどで、勝手に他人のものを「持ってきて」しまっては犯罪になります。

ところが「アイデアの貿易」においては、アイデアを右から左へ流すことには（特許権や著作権といった特別な権利に守られているものを除けば）基本的にお金がかからない場合の方が多数派であるといえるでしょう。

したがって、**初心者が何かを始めるときにはまずは熟練した人のやり方を「徹底的にパクる」ことが重要だ**という人もいます。

ここでパクる対象は、形になっている「モノ」ではなく、「とにかくやってみる」とか「数をこなす」とか「失敗は早めの方が良い」といった熟達へのヒント、つまり「知的資産」です。

これらは基本的に「タダ」なので、流用できるものが（上記のような法律的権利に触れない範囲で）見つかったならばすぐに「持ってくる」べきです。

ここまでお話ししてくると、「要は違う世界のアイデアをひたすらパクれば良いということか？」という疑問を持たれることは想像に難くありません。これに対する答えは半分Ｙｅｓで半分Ｎｏです。

ここで重要なのがアナロジーと「単なるパクリ」の違いです。

アイデアは意外な領域から持ってくる

単なるパクリの問題点は大きく２つあります。

一つは、たとえばある書籍の内容を「丸写し」したとか、デザインを「そのままコピー」したといった場合のように、何等かの法律的な権利を侵害する可能性が高いということです。

そしてもう一点、これが今回のポイントになりますが、**単なるパクリは「誰でも**

気づけるためにすぐに真似し返されて差別化が難しい」ことです。

ではどうすればよいでしょうか？

ここで、どうすれば気づかれにくいのか？　を考えてみます。

たとえば隣り合うお店同士で同じものを売って繁盛していればどうでしょう。これはすぐに気づかれて、追随者が続出することになるでしょう。

ではパクるお店が他県にあったら、もっと言えば地球の裏側の海外だったらそう簡単にはと考えていくと、「近くでなく遠くから持ってくれば真似されにくい」ことがわかります。

また「近くのもの」は、持ってきたのがだれの目にもすぐにわかってしまいますが、「遠くのもの」は簡単にはわかりません。

それでは知的資産としてのアイデアで「遠い」というのはどういうことを意味するのでしょうか？

もちろんこれは海外という意味での遠いことでも良いかもしれませんが、**物理的世界を超えたアイデアであれば、遠いというのは「意外な領域」**（**全く関係なさそう**

な違う業界やビジネス以外の領域）からもってくれば良いことになります。

さらに次に出てくるであろう疑問は「違う世界であれば、確かに自分の世界にないものはたくさんあるかも知れないが、それは果たして自分の世界で役に立つのか？」ということではないでしょうか。

抽象度を上げて問題を発見する

ここで**考えるべき視点が「具体と抽象」**です。

簡単に表現すれば、具体とは直接目で見たり手で触ったりといった五感で感じることができるものです。反対に**抽象というのは目や耳でなく「心の五感」、つまり思考することによって感じられる**ものということになります。

要はパクリとは五感のレベルの真似であり、**アナロジーとは「心の五感」（思考力）のレベルの真似で、これが「具体と抽象」の相違になります**（次ページ図18）。

アイデアをパクったことで問題になるのは具体性の高い「誰が見ても類似点が明白なもの」であり、抽象度の高い真似は多くの場合問題になりません。

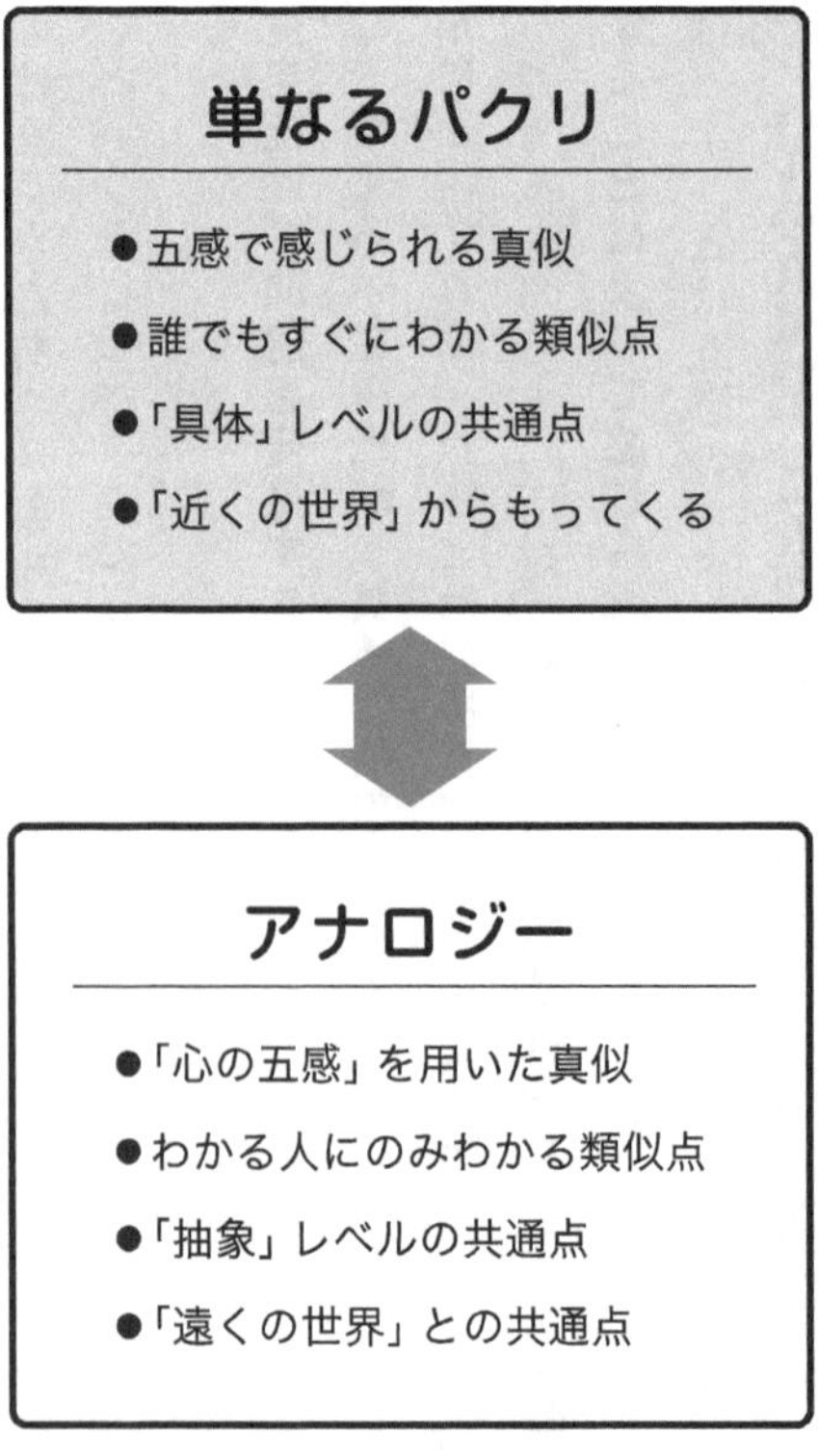
単なるパクリ
●五感で感じられる真似
●誰でもすぐにわかる類似点
●「具体」レベルの共通点
●「近くの世界」からもってくる
アナロジー
●「心の五感」を用いた真似
●わかる人にのみわかる類似点
●「抽象」レベルの共通点
●「遠くの世界」との共通点

図18　「アナロジー」と「パクリ」の違い

アナロジーは「心の五感」レベルでの真似。パクリが「具体」なのに対して、「抽象」レベルでの思考も必要となる別の見方をすると、抽象度を上げれば上げるほど多くのものが同じになってくるので、これをいちいち咎めることは不可能です。

たとえば、「顧客に他では味わえない満足を与える」というレベルの考え方であれば、真似をしても全く問題はないでしょう。

「差を見つける」のが問題発見だとすれば、**具体レベルという誰でも比較的すぐに見つけられる差を見つけるのではなく、心の五感を研ぎ澄まして抽象レベルでものごとを眺める**ことによってそのような問題が見つかってきます。

ではそのように抽象レベルでものごとを眺めるとはどういうことかを次章で解説したいと思います。

第5章

「具体と抽象」を駆使して自分の頭で考える

17 「線を引く」ことの功罪を理解する

抽象化とは「線を引く」こと

前章で紹介したアナロジーで必要なことは、抽象レベルで事象をとらえることでした。このように、目に見える具体的なものだけでなく、**物事を抽象化してとらえることが問題を発見する上で重要**です。

では抽象化するとはどのようなことでしょうか？　それをこれからいくつかの観点から考えてみましょう。

まず今節ではそのうちの一つの視点を取り上げます。ここで取り上げる**抽象化というのは、「まとめて分類する」ということです。「カテゴリーで考える」とも言えます。**

抽象に対立する概念が具体です。具体というのは、個別の事象を一つ一つ個別バラバラにとらえることを意味します。具体の世界では全てを異なるものとしてとらえます。

昨日の夜食べたトロ、今朝食べた焼き鮭、そして家で飼っている金魚は具体レベルで考えたら「どう考えても別のもの」ですが、抽象化すれば「魚」という「同じもの」になるわけです。

このように、複数のものをまとめて一つにくくることが抽象化の一つの基本的な側面です。このような抽象化によって、私たちは多くのものをまとめて扱うことができ、これを知識として活用することで日常生活に役立てています。

具体的に考えていると全ての事象を個別に扱う必要がありますが、**抽象化によって一つの情報や経験を10にも100にも応用することができる**ようになります。

このように私たちの知的能力の基本ともなり、日常生活を豊かに過ごすために必須の抽象化、あるいは「分類する」「カテゴリーで考える」という行為が実は身の回りにおける数々の問題も生み出しているのです。

ここで「分類する」という行為を改めて考えてみましょう。たとえば動物と魚とか虫と魚といったものを分類するためには、「魚であるものとそうでないものの間に境界線を引く」ことが必須になります。

つまり、「まとめて一つとして考える」という分類のもう一つの側面は「そうでないものとの間に線を引く」ことであるとも言えます。

「線引き」が問題を作り出す

このように私たちは「線を引く」ことで知的能力を発揮してさまざまな事象に応用して賢くなってきた反面、まさにこの**「線を引く」という行為そのものによって同時に多くの問題を生み出している**のです。

世の中の事象は本来アナログ的に「全てがグレー」で、簡単に白か黒かとスパッと割り切れるわけではありません。ところが先の「線を引く」というのは、そこを割り切ってある「しきい値」を境にスパッと分断してしまうことで、線のあちらとこちらでそれぞれまとめることを可能とします。

これを図に表すと左の図19のようになります。

図19　抽象化による「線引き」の問題点
具体の世界では、白も黒も薄いグレーも濃いグレーも、すべて異なる存在だが、抽象化して線引きしたとたん、たとえば薄いグレーは白に濃いグレーは黒になり、白か黒かの2種類のみになる

これがまさに先にお話しした「問題」を生み出す原因になります。

特にその線引きされた箇所の周辺では線の境目の左右で「ほとんど同じ」だったものが白か黒かで真っ二つに分かれて「全く違うもの」という扱いを受けます。

たとえば1から100までの数字を「大きいか小さいか」で2つにわけるような場面があるとして、仮にその「しきい値」を50とすれば、1も50も「小」に分類され、51も100も「大」と一律に分類されてしまいます。

実際には50も51も「ほとんど同じ」であるにもかかわらず、分類という抽象化によってその違いは「1と100の違いと同じように扱われる」ことになります。

線引きによる「歪み」が目の付け所となる

このような「線引き」は私たちが社会生活を営む上で、さまざまなルールを設定する際に常に行われます。

たとえばスピード違反を取り締まるための制限速度、補助金を出すための収入といったものがこれに相当しますが、そうなると「見通しが限りなく良くて周りに車が全くいない状態での1キロオーバー」も「見通しが悪い住宅街での30キロオーバー」も「スピード違反」という範疇でとらえると「同じもの」になります（もちろん罰金の額や減点数は異なりますが）。

同様に「年収制限」「年齢制限」といった線引きをはじめとして、「国境」「組織や役所における担当や役割の分担」等、私たちが集団で社会生活を営む上でのルールには全てこのような「線引きによる歪み問題」がつきまとうことになります。

記憶に新しいところでは、消費税率引き上げの除外対象として「生活必需品か否か」という「線引き」が試みられましたが、その結果として「どこまでを外食というか？」といったようなさまざまな「歪み」＝問題が生まれました。

新型コロナに関しての給付金でも、一律にするか「本当に困っている人限定」にするかという議論がありました。

ここで後者を採用した場合には必ず「線引き問題」が発生し、時間がかかることが予想されたことが要因の一つとなって、スピード優先の施策として「一律配付」となりました。が、これはこれで「全員同じ」と扱うことによって（「すべてが黒」

になってしまったので）別の意味での歪みが生じることになりました。

このような「線引きによる歪みの発生」は、行政や組織内における大小のルールの施行の際には必ず問題になります。

問題発見の観点から言えば、線引きが行われれば必ず「歪み」が発生するところが「目の付け所」になります。

皆さんの身の回りで行われた「線引き」が生み出した問題で何か思い当たるものがなかったか、「問題発見のトレーニング」として考えてみてください。

例えば新型コロナ対策で、「県境移動」が語られる場合、そもそも都道府県の線引きは強引なものなので、実際には県をまたいでいるが同じ経済圏で通勤や通学、あるいは買い物の移動が発生するといった歪みが生まれたことでしょう。

あるいは「不要不急」とはどこで線を引くのか、実際に線引きをしてくれないとわからないという意見もありましたが、これも線引きをしてしまうと同じように歪みが発生することになります。ある人にとっては不要不急の行為が他の人にとってはそうではないということはありとあらゆる場所で発生するからです。

18 「具体なのか抽象なのか」を常に意識する

具体と抽象の関係がもたらす「総論賛成各論反対」

前節で、人類が持つ知的能力の代表ともいえる抽象化による「線を引く」という行為が、問題を解決すると同時に別の問題を作り出すお話をしました。引き続いて今節は「具体と抽象」が生み出す別の問題について解説します。

人類の知的能力は「抽象化された世界」という目に見えない膨大な世界を頭の中に生み出しました。これによって複数の事象をまとめて扱うことで応用を利かせる能力を身に付けた反面、目に見える具体的な世界との決定的な対立構造を生み出すことにもなりました。

一つ例を挙げましょう。私たちの身の回りでは、よく「総論賛成各論反対」という構図が起こります。これが具体と抽象が生み出す恒常的な問題発生の構図の典型的な事例です。

たとえば、新型コロナ対策で「困っている人やお店や会社を助けよう」という総論（＝抽象）に関して反対する人はいませんが、「ではそれは一体誰と誰なんだ」という具体論に入った途端に前節でお話しした「線引き問題」が発生して一切議論が収束しなくなります。

このような「総論賛成各論反対問題」は政治に関してはあまりに頻発する問題です。「全ての国民に平等な教育機会を」という総論に反対する人は一人もいませんが、「では一切の入学試験をなくして抽選にしましょう」といえば、「努力した人もしていない人も同じ扱いをするのが平等なのか」という話になります。

「予算を適正配分しましょう」には誰も反対しませんが、「その結果あなたの部署の予算は削減します」と言われたとたんに反対者が続出するのです。

予算の話がわかりやすいですが、総論というのは、簡単に言えば皆が皆「自分が得をするように」良くも悪くも「勝手な解釈」が可能です。それに対して、各論というのは具体的であるがゆえに解釈の自由度が下がり「損をする人」も明確にあぶりだされてくるのです。

この他にも、たとえば「世の中には時代に合わせて柔軟に変えるべきものと時代を超えていつまでも変えない方が良いものがある」という発言に反対する人はいないでしょう。

ところが、「では変えて良いものってなんですか？」「変えてはいけないものってなんですか？」という質問に対する答えを集め出すと、いかに人によって解釈が違うのかが露呈してきます。「伝統芸能のしきたりはどっち？」「『人は直接会わなければわかりあえない』という人間関係の法則はどっち？」「日本語の文法はどっち？」といった具合です（これでもまだ記述が抽象的なので、たとえばしきたり一つとってもどこで線を引くかは人によって大きく分かれることになるでしょう）。

「総論賛成各論反対」が起こる理由

このような**「総論賛成各論反対問題」の根本にあるのが具体と抽象という人間が基本的に持っている知的能力の枠組**にあります。次のページの図20を見てください。

ここでのポイントの一つは、総論という抽象度の高い概念は「一つ」であるのに

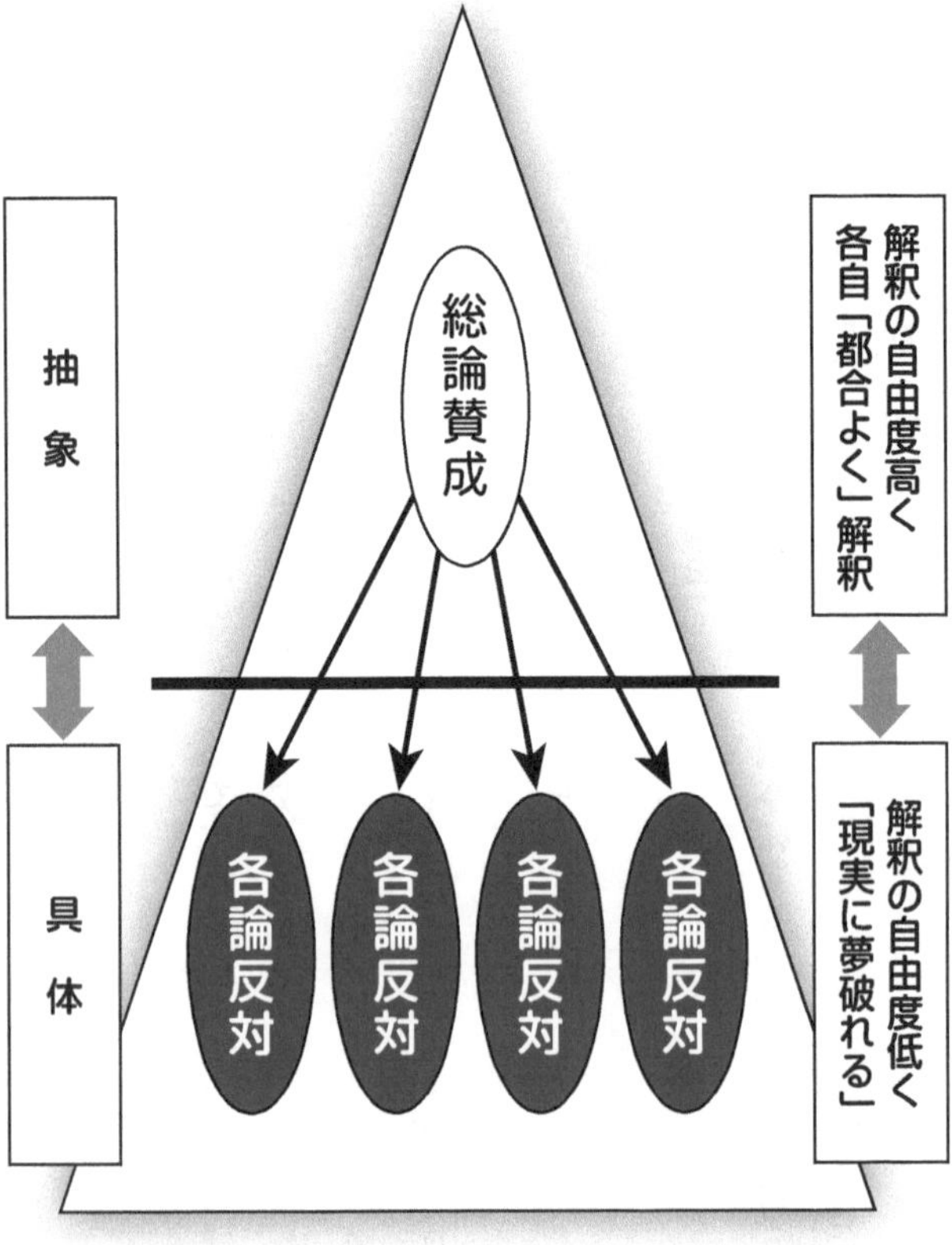

図20　「総論賛成各論反対」と「抽象と具体」の関係
「抽象」は解釈の自由度が高いが、「具体」では自由度が低い。この構造は常に意識しておく必要がある

対して各論というのは参加者の数だけ多種多様に存在するということです。

ここで一つ問題を出しましょう。

さまざまなケースで起こる「現場の意見」と「専門家の意見」の対立に共通する問題の構図を、図20で考えてみてください。

そこに見られる共通点は、実は多様な「現場」や「専門家」の意見をごく少数の意見だけで代表して、それが全てであると思い込むことによって起きるということです。

「専門家の意見」「現場の意見」という形で一般化されると、受け取る側の多くは先の図でいうところの抽象（総論）のレベルで多くの専門家や現場の人たちの意見をまとめたものと考えてしまいがちです。

けれども、実際の多くの場合には、具体的にさまざまな人たちが存在する「具体的なレベルのものの一つ」でしかないのです。

新型コロナの問題に関しても、「これは専門家の意見だから」と言われるとそれを絶対的なものとしてとらえてしまいがちな状況があったかと思います（それで別の専門家が正反対のことを言ったりすると混乱に陥るわけです）。

基本的に「専門家」という言葉＝抽象概念は多くの分野の異なる人たちの集合体である以上、それは「一人」あるいは一枚岩であるはずがないので、そもそもそれはあくまでも○○分野の専門家の声の一つであるという認識で聞かなければいけないのです。

「現場の声」というのも曲者《くせもの》です。たとえば、ほとんどの人が行ったことがない国や地方の話をしているときに、そこに実際に行ったことがある人が「現地の人はこうなんですよ」という話をしたら、圧倒的にその声が大きくなって唯一絶対のもののように聞こえます。

でも、実際には「現地の人」という抽象概念はしょせんその「現地」にいる一人ひとりの多様な人たちの集合体に過ぎず、それらが「一枚岩」であるはずがないのです（もしそうだとしたらその地域の政治家はどれだけ政策を考えるのが楽なことでしょうか）。

このように**「専門家」や「現場の人」という、本来は具体的に多種多様な人が多数存在するものを抽象概念としてとらえてしまうところにコミュニケーションギャ**

ップの根本的な原因が存在するのです。

19 コミュニケーション上の問題は「具体と抽象」のギャップから生まれる

「具体と抽象」のギャップが問題を生み出す

前々節の「線を引く」と同様、人間が武器とする知的能力である抽象化は抽象世界や精神世界という動物にはない巨大な世界を生み出しています。それが五感で感じることができる具体の世界とのギャップを作り出すことによって、さまざまな問題を生み出しているのはすでにお話しした通りです。

特に私たちの身の回りでいえば、**コミュニケーション上の問題は多くがこの「具体と抽象」の問題から来ています。**

それはコミュニケーションにおける最大の武器と私たちが考えている言葉という

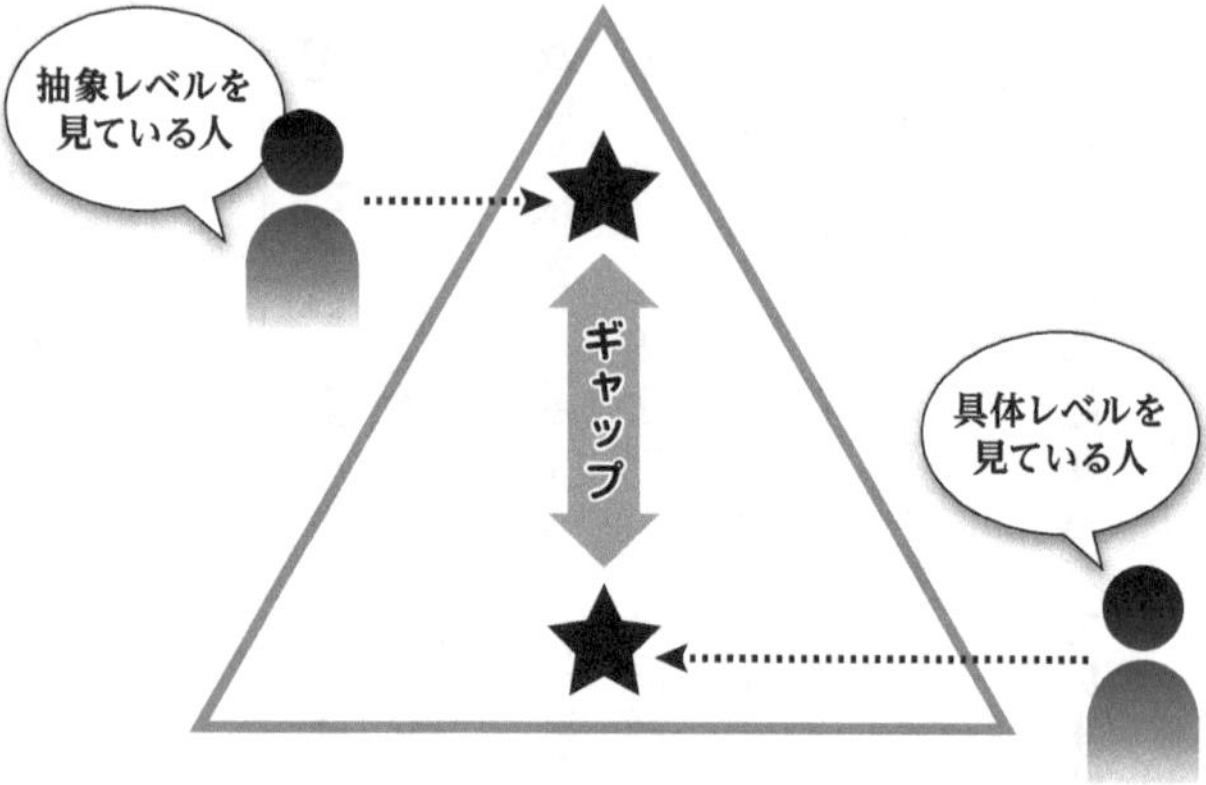

図21　コミュニケーションギャップ

具体レベルで見るか抽象レベルで見るかによる違いが、コミュニケーションのギャップを生む

ものが、人類が抽象化によって生み出した産物であり、それゆえにここまで述べてきたような抽象化が宿命的に持っている具体と抽象のギャップから逃れることができないからです。

先の「専門家」や「現場の人」のように、多くのものを「十把ひとからげ」にすることで応用を利かせることができるのが抽象化の最大の武器だとすれば、ここで生まれる具体と抽象のギャップ（に気づいていないこと）がコミュニケーション上の共通課題になります。

具体と抽象が生み出すコミュニケー

ションギャップをシンプルに表現すれば、図21のようになります。

たとえば、

「アメリカ人は楽天的だ」

「いや私の友人の○○さんは常に悲観的だからそれは違うと思う」

といった会話がその典型例です。

したがってこのような構図の中で**問題を発見するには、「具体と抽象」という座標軸を頭に入れた上で、それは具体なのか抽象なのかという問いを常に持つことでそのギャップを見つける**ことが重要です。


なぜ人はレッテルを貼ってしまうのか？

具体と抽象のギャップが生み出す問題について前節でお話ししましたが、このような具体と抽象のギャップによって発生する問題が日々のコミュニケーションにおいて頻繁に見られます。これは構造的な原因があるために簡単になくなることはなく発生し続けることが予想されます。

したがって、この根本的なメカニズムを理解していると日々の問題を見つけて対処することが可能になります（上記の通り「根本原因を断つ」ことは不可能に近いので、根絶することは困難ですが）。

具体と抽象のギャップが恒常的に生まれる原因というのは、私たちが持っている認知の癖にあります。それは、「他人のことは抽象的に一般化する一方で自分のことは具体的にとらえる」あるいは、「他人のことは抽象化するのに、それを自分に対してやられると違和感を感じる」ということです。

「他人にレッテルを貼る」という表現がありますが、これがまさに他人を抽象化してとらえることの別の言い方です。

レッテルを貼るというのは、たとえば「あの人は右寄りだから」とか、「あの人は帰国子女だから」とか、「あの人は金融業界の人だから」といった形で、その人個人の性質を一般化してカテゴリーとしてとらえることを意味します。

「あの人はすぐに人にレッテルを貼るからなあ」という発言は「他人は一般化する代わりに自分が一般化されることを嫌う」ことを典型的に示しています。

自分にレッテルを貼られることの不快さを表現する、まさにその発言の中に「あの人はレッテルを貼る人だ」というレッテルをその人に対して貼ってしまっている……。そういう自己矛盾に陥っていることにその本人も気づいていないという滑稽な状況は先の思考の癖から生まれます。

知識がある領域は細かく、ないところはおおざっぱに

他人は一般化するが、自分は具体的にとらえるという事象をもう少し別の視点から見てみます。私たちは、自分がよく知っている領域に関してはものごとを細かいメッシュでとらえるかわりに、知らない領域はおおざっぱにとらえるという癖があります。

たとえば、普段ビジネスの世界以外で生きている人たち（学校・病院関係者等）からすれば、会社勤めをしている人はみな「ビジネスの世界の人」とか「企業の人」といった具合に、おおざっぱなイメージに収まるように見えるかも知れません（逆も然《しか》りです）が、当の会社勤めの人からすれば、「メガバンク」と「ＩＴベンチャー」では

大きな違いがあり、営業と経理でも「全く違う」仕事だという認識になるでしょう。

このように**自分の良く知っている領域ではものごとを細分化して＝具体的にとらえるのに対して、自分の良く知らない領域では大ぐくりにして＝抽象的にとらえるのが私たちの癖**です。

逆に言えば、専門家というのは（膨大な知識があるために）自分の専門領域を極めて細分化して一般の人よりもはるかに具体的にとらえています。

海外のことをろくに知らない人は安易に「日本人と外国人」という対立構図で語ってしまいます。

けれども、海外を知れば知るほど「アジアとヨーロッパとアメリカの人では全く違う」となるでしょうし、「アジア通」からすれば東アジアと東南アジアの人を一緒にするな……という具合に、話がさらに国→地域→……と細かくつづいていくことになるでしょう。

自分のことは自分が一番よく分かっている

このような構図を先の「自分と他人」に当てはめてみれば、なぜ先のような認知の癖が発生するのかが説明できるでしょう。

自分のことと他人のこと、どちらの情報量が多いのかと考えてみれば、これは文字通り「四六時中一緒にいる」自分と「たまにしか会わない」（あるいは会ったことすらない）他人とを比べているわけですから自明と言えます。

したがって、私たちはＳＮＳの場等で、あまりに簡単に他人のやっていることにレッテルを貼ったり一般論でコメントしたりしてしまいますが、やられている方からすれば、「ろくに詳細な事情も分からない癖に一般論で片付けるな」と感じることになります。

詳細な事情というのは大抵の場合「理屈ではわかっているけど障害となっている制約条件」（予算や時間が不足しているといったもの）です。

要は他人が言ってくる正論というのは大抵の場合その当人は「そんなことわかってるけどいろんな事情があってできないんだよ」の類ばかりなのです。

当事者というのは大抵の場合、無責任にコメントしてくる第三者よりは何十倍もそのことを考えている人であって、そんな正論は「百年前から承知している」のです。

これが**私たちの認知の癖に「具体と抽象」の側面が加わることによって生じるギャップ＝問題の発生メカニズムです。**このメカニズムを理解していれば、無暗に他人にレッテルを貼ったり、正論で正したりする前に立ち止まって相手の事情を考えてみるといった形で無用の軋轢《あつれき》を減らすことも可能になるでしょう。

20 認知の歪み＝バイアスから問題を見つける

認知の歪みとしてのバイアス

前節、前々節と「具体と抽象のギャップ」「自分と他人のギャップ」についてお話ししました。要はこれらは**「そもそも問題とはギャップであり歪みである」**という、これまでの問題の定義に従えば、私たちの認知の歪みを認識することで問題を発見することができることを意味します。

このような認知の歪みは一般にバイアスと言われますが、一般に知られている代表的なものとして以下のようなものがあります。

・生存者バイアス

よくある成功体験談のパターンですが、「勝てば官軍」的な発想で、勝ち残った人がその勝因を都合の良いように解釈して、「自分はこうやって成功した。だからそうすれば皆うまくいく」という主張が典型的な生存者バイアスと言えます。

さらにこれに関連して、「自分だけが運が悪い」「自分だけが正当に評価されていない」といったような**「自分だけが……」系の認識はたいていの場合はバイアスが生み出す**ものと考えてよいでしょう。

・ダニング・クルーガー効果

「能力が低い人ほど自己評価が高い」というこのバイアスは、前に本書でも紹介した無知の知の必要性を想起させるものです。言い換えればこのバイアスは「無知であることを自覚していない」という**「無知の無知」**の人が陥る認知の歪みで、**「中途半端に知識がある人」が他人に上から目線で決めつけ発言をして反感を買う**という、コミュニケーション上よくある問題はここからきている側面が大きいと言えるでしょう。

・確証バイアス

「金槌を持っている人にはすべてが釘に見える」という言葉がありますが、これに示されるように人は自分の都合の良いように物事を解釈するということで、**「見たいものだけが見える」というバイアス**です。いったん誰かを悪者に認定して「全てその人が悪い」という思い込みが入ると、その人が悪いという情報や因果関係の憶測だけが大きく見えてしまって全ての悪しき結果を「その人のせいである」と考えるようになるといったことがこれに相当します。

この他、本書でこれまでに述べてきたものでいけば、他人のことは一般論で語ってレッテルを貼りたがるが、自分のことは具体的にとらえて一般化されることを嫌うことや、専門家は必要以上に細かく分けたがるといったこともバイアスの例と言えます。

バイアスがギャップを生み出す

このような認知バイアスというのは、別の言い方をすれば「主観と客観のギャップ」ともいうことができます。

各個人の経験や知識によって異なる主観というのが「バイアスの塊《かたまり》」であることを前提にして物事を眺めてみることによって、**自分が見ている風景と他人が見ている風景とのギャップを認識することができます。すると、そこから何らかの問題が見えてくる**ことになります。

逆にバイアスにまみれている人（さらにそれに気づいていない人）というのは、バイアスから抜けた状態をイメージできないので、自分がバイアスをもって物事を見ているという問題そのものに気づくことができないのです。

「自分が見ている世界は他人の見ている世界とは違うのに、ついつい同じだと思いがちである」という状況を期せずして改めて思い起こさせてくれるのが、最近テレワークの導入によって激増しているＷｅｂ会議です。

Ｗｅｂ会議では、出席者全員が一覧で同じウィンドウのサイズでみられるモードがあります。このモードで誰がどの配置にいるかというのは、他の参加者も同じものが見えているとついつい思いがちですが、実は見え方は全員異なっています。

コミュニケーション上のもやもやを解消するヒント

Ｗｅｂ会議の場合には実際に見えている状態を共有すれば明らかに見え方が違っていることはわかりますが、同じ状況はオフラインでの私たちのコミュニケーションでも起こっていると考えられます。

自分が見ている世界と他の人が見ている世界が実は異なっていて（実世界の場合には、物理的な見え方が違うというよりは心理的・精神的な知的認識の仕方が違うということになりますが）、そこにギャップがあることに気づくのは普段から強く意識していないと難しいのです。

このように、さまざまな認知バイアスによって生じるコミュニケーション上のギャップが問題を生み出すために、これらをうまく問題として認識することができれば、普段感じているコミュニケーション上のもやもやを解消するヒントとすることができるでしょう。

バイアスというのは誰でも多かれ少なかれ持っているものなので、それ自体が問題というよりはそのことに気付いているかどうかが大問題なのです。

このような「こころの歪み」を見つけるために用いられるのが「フレームワーク」です。

フレームワークとは、主観としての認知バイアスを客観的な地図、いわば「白地図」にマッピングすることで自分の偏りを見つけ、他人との違いを共有するためのものです。

ブレーンストーミング等によって抽出された個別で具体的なアイデアを「分類」

や「カテゴリー」という抽象度の高い視点から眺めることで、具体と抽象の偏りを見つけることにも用いられます。

ビジネスでよく用いられるもので、製品やサービスの全体像を表すのに用いられるQCD（Quality：品質、Cost：コスト、Delivery：納期やリードタイム）やマーケティングに用いられる4つのP（Product：製品、Price：価格、Place：販売チャネル、Promotion：プロモーション）のような「アルファベットの集合体」のようなものが代表的です。

それ以外にも「社内と社外」や「既存と新規」などといった対立軸、あるいは年齢別、価格別などの数直線のような形で全体像を表現するのがよく用いられるフレームワークです。

図22に示すように、4人の人がいれば、その人たちの思考の範囲は当然異なります。「問題とはギャップ」であると述べましたが、**フレームワークによってこのような複数の人の間の主観と客観のギャップ、部分と全体のギャップ、あるいは具体と抽象のギャップを発見し、自分の思考の盲点を見つけることが可能に**なります。

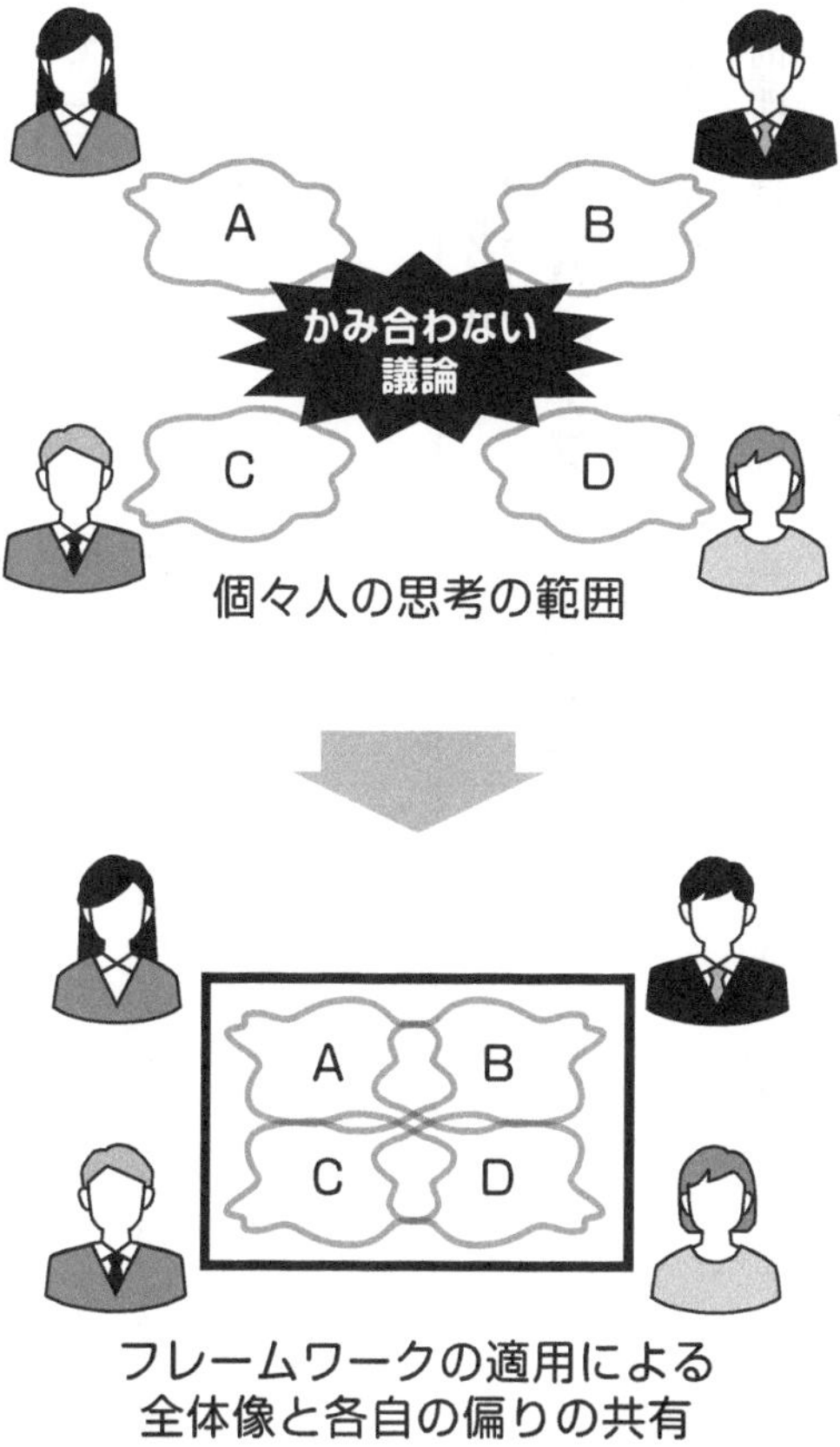

図22　フレームワークによるバイアスの矯正
フレームワークを利用すれば、「具体と抽象」「主観と客観」などのギャップが明らかになり、問題を発見することができる

私たちは特に意識しないと主観、具体、部分というバイアスにとらわれた状態に傾きがちなので、フレームワークの利用によってバイアスの矯正ができ、それによって「ギャップ」という問題を見つけることが可能になるというわけです。

次節では、さまざまな認知バイアスを見つけるために必要な頭の使い方についてお話しします。

21 メタ認知でバイアスから脱する

バイアスから抜け出すには？

前節では私たちの認知が生み出す問題の根本的原因としての認知バイアスによるギャップを挙げました。

このバイアスがさまざまなギャップ、たとえば主観と客観のギャップを生み出すためにコミュニケーションを始めとするさまざまな場面で問題が起こるのでした。

では、このようなバイアスを発見し、そこから抜け出してバイアスがない状態とのギャップ＝心の歪みという形での問題を発見し、それを解決するにはどうすればよいのでしょうか？

簡単に言えば、前節で挙げたような**バイアスの逆方向に自分の心を振ってみればそのギャップがはっきりと見えてきます。**

たとえば、「他人のことは一般化するが自分のことは個別具体のことが良く見える」という具体と抽象に関するバイアスであれば、**自分のことはあまり具体レベルで特殊なものだとは考えず、一般化したルールが適用できないかと考えてみる**ことです。

個人レベルで言えば、「自分の置かれた状況は特殊である」（から、○○さんがうまくいったと言っているやり方はうまくいかないはずだ）と考えるのではなく、それでも**何か抽象化したレベルでの共通点がないかと考えてみる**ことです。

組織レベルでいけば、「この業界は特別だ」という「できない理由の常套句」を捨ててみることがこれに相当します。

具体的に物事を見ている人は「すべてが違ったもの」に見えますが、抽象的に物事を見ている人は「何らかの共通点が必ずあるはずだ」という発想になります。

自分がどちらの傾向が強いにせよ、重要なのはこの**具体的か抽象的かという、2つの見方にギャップが存在することに、両者の視点を理解することで気づく**ことです。

具体の世界の人が視野が狭くなってしまうことの原因の一つは、知識や経験の範囲が狭いことです。日本にしか住んだことがないのに「日本は特殊だから」と安易に判断してしまったり、一つの業界、さらには一社しか経験していないのに「うちの業界（会社）は特殊である」という発言をしてしまうことが多いのはここに原因があります。

多種多様な経験や知識を身につけてくると、物事を相対的にとらえられるようになります。つまり、さまざまな違いを見ることで、複数の事象の「ここは違うがここは同じだ」という視点が持てるようになるのです。

こう考えてくると、「自分のことを特殊だと思ってしまう」のがなぜかが見えてくるでしょう。

何しろ**「自分自身」は他に経験しようにも**（疑似体験以外）**経験のしようがない**からです。物事が近くに見えて、他の経験をしていないという状況は、その対象（自分自身）を相対的に見ることが構造的に極めて難しい状況なので、あえて**そこは強く意識してバイアスを逆転させることが必要**です。

メタ認知と考える力でバイアスから抜ける

世の中のさまざまなノウハウの中にこのような「バイアスを逆転させる」ことを説いたメッセージが見られます。

たとえば「相手の立場で考えよ」とか「けなすよりほめよう」（他人の欠点を嘆くことの方が長所をほめることよりはるかに容易《たやす》いことは居酒屋やカフェで隣のテーブルの会話を聞いていればすぐにわかります）が、それらの言葉に該当します。

それではバイアスを逆転させるにはどうすればよいか？　そのヒントが「メタ認

知」にあります。

メタ認知とは、物事を一つ上の視点から見てみる、あるいは自分の魂を幽体離脱させて「上空から」自分自身を見てみる、あるいは外側から眺めてみるという状態を意味しています。

自分自身の話で言えば、自分を客観視してみるといってもよいでしょう。

バイアスにとらわれた具体の世界を脱してシンプルに枝葉を取り払った抽象の世界から物事を眺めてみるのがメタ認知をするための一つの方法です。これ以外にも、**手段から目的を考えるとか、部分から全体を考えてみる**といった形で視点を上げることが可能になります。

ここで一つ補足しておきます。ここでは具体の世界を「バイアスにとらわれた」とどちらかというと否定的に表現しましたが、必ずしもこれが悪いことではないことは、主観と客観の関係を考えてみればわかると思います。

何かをなしとげるための情熱や思いというのは、過去の個人的な経験からくる主観的かつ具体的なものであることがほとんどです。感情と論理の関係もこれに似ています。

要は、**具体と抽象、主観と客観、感情と論理のような対極のものを行き来しながらこれらのギャップを認識することが問題の発見とそれに続く解決につながってくる**のです。

「自分の頭で考える」とはどういうことか

「上空に上がって物事を客観的に見る」と表現することは簡単ですが、これは実際にどのように実践すれば良いでしょうか?

それがまさに本書で繰り返し述べてきた「自分の頭で考える」ことにつながってくるのです。**自らの経験というのは良くも悪くも具体的なものがほとんどですが、それを相対化し、抽象化するという考える行為によってメタレベルに上がることができる**ようになります。

たとえば「なぜ?」を考えるのは、手段という具体的で目に見えるものから目的という目に見えない抽象概念に上がるという形で手段をメタレベルで見ることにつ

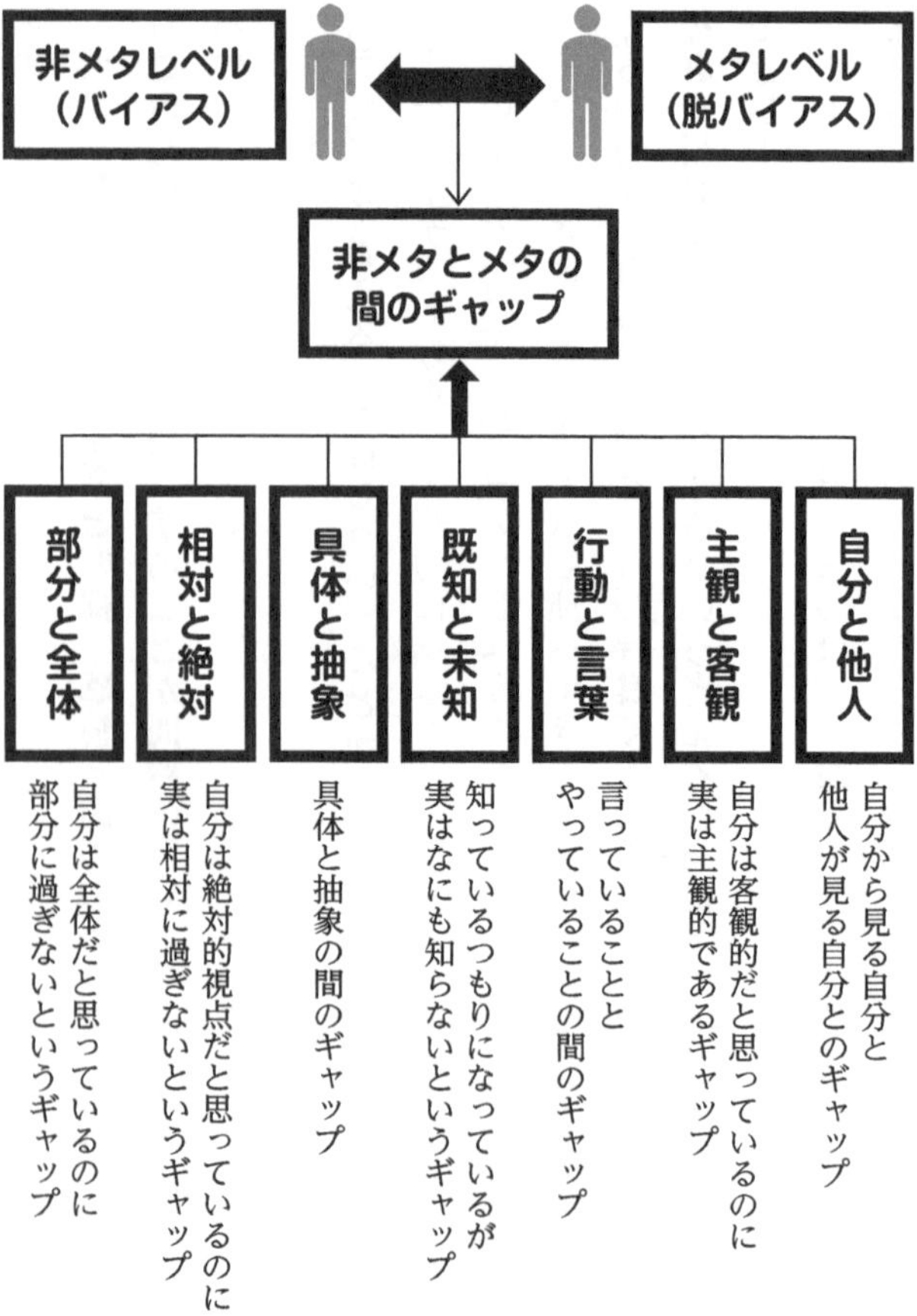
非メタレベル（バイアス）
メタレベル（脱バイアス）
非メタとメタの間のギャップ
部分と全体
自分は全体だと思っているのに
部分に過ぎないというギャップ
相対と絶対
自分は絶対的視点だと思っているのに
実は相対に過ぎないというギャップ
具体と抽象
具体と抽象の間のギャップ
既知と未知
知っているつもりになっているが
実はなにも知らないというギャップ
行動と言葉
言っていることと
やっていることとの間のギャップ
主観と客観
自分は客観的だと思っているのに
実は主観的であるギャップ
自分と他人
自分から見る自分と
他人が見る自分とのギャップ

図23　非メタとメタのギャップの認識が重要

あらゆる場面で、バイアスのあるなしによるギャップは必ずある。これを認識したうえで、具体の世界から抽象の世界に上がるという「考える」行為がメタ認知を生み、問題発見につながるながっていきます。

また一つの問題そのものを外側から「この問題自体はどういう問題なのか？」と「なぜ？」でとらえることでまた別の本質的問題を見つけるというプロセスも、メタで考えることの一つの例と言えます。

この他、図23で示すように、部分から全体を考える、具体から抽象を考える、事実から論理を組み立てるといったことを通じて、物理的かつ具体的な世界から**見えない抽象概念に上がっていく過程で必然的に伴う「考える」という行為がメタ認知を生み出し、その結果としてさまざまな問題を発見することができるようになる**のです。

終章　問題発見力を鍛えるために今後やるべきこと

22 問題発見力をめぐるジレンマを解消するには

問題解決が得意な人は問題発見が不得意

　ここまで問題発見のためのさまざまなものの見方や考え方についてお話ししてきました。それではこのようなものの見方をするためにはどうすればよいのか、その根本的な価値観について解説したいと思います。

　本書の冒頭に、**問題解決と問題発見では正反対の思考回路を使う**ことをお話ししましたが、これを問題解決が得意な人と問題発見が得意な人という形で再整理しておきます（図24）。

　まず問題を発見するためには「そもそもの常識を疑ってかかること」だとお話ししました。

　ところが世の中は常識を信じた多数派によって占められています。もちろん大抵の場合において、別の言い方をすれば世の中の変化が小さいときにはほとんどの人

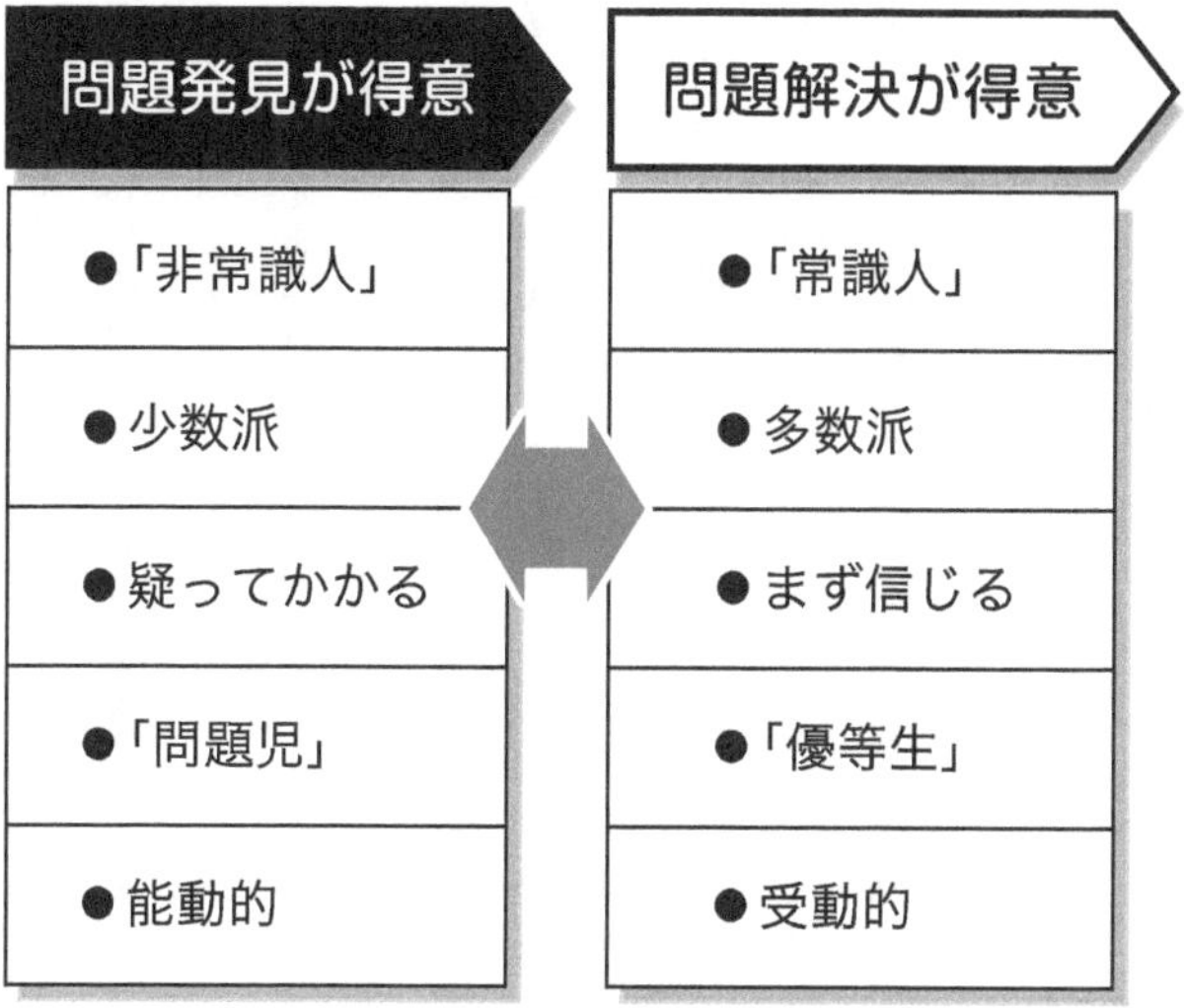

問題発見が得意	問題解決が得意
●「非常識人」	●「常識人」
● 少数派	● 多数派
● 疑ってかかる	● まず信じる
●「問題児」	●「優等生」
● 能動的	● 受動的

図24　問題解決が得意な人、問題発見が得意な人
世の中の変化が小さいときは、多数派である常識人が問題解決していればうまくいった。ところが、問題解決が得意なAIが進化したVUCAの時代はそうはいかなくなる

が信じている常識にしたがって生きることが問題解決には圧倒的に役に立ちます。常識に反することは圧倒的に多くの人を敵に回しますから、それではそもそも解決する問題も解決しません。

多くの場合、問題解決というのは、「正しいかどうか？」よりも「多くの人が納得するか？」にかかっており、そのために重要なのが「常識に反した言動をしないこと」だからです。ですから、構造的に問題解決が得意な人は本書で述べてきたように常識に反することはしないような価値観に自然になっているのです。

「優等生」か「問題児」か

同様の理由で、問題発見が得意な人たちは常に少数派になります。**天邪鬼《あまのじゃく》であり、他人と違うことを好む人こそが問題発見に向いています。**したがって、このような人たちが増えてくると皮肉なことに意見を変えなければならなくなります。「常識を疑え」は少数派ならではの意見だからです。

もう一つの理由は、このような人たちは必然的に「友達が少なくなる」はずだからです。多数派とは意見が合わず、そもそも他人と話を合わせる協調性など持ち合わせていないのがこの人たちの価値なので、構造的に問題発見派は「友達の少ない少数派」にならざるを得ないのです。

いわゆる周りに友達が集まる「優等生」というのは問題解決が得意な人であることもここから自明だと思います。

優等生というのは多数の人が持っている評価軸で高い評価を得ている人です。必然的に「常識人偏差値」は著しく高いはずです。「難関試験を通過した人」というのも問題解決型であるといえます。

そもそも「試験の成績が良い」＝誰かが作った問題に解答する能力が高いことを意味しますから、難関資格を有している比較的ステータスが高い人というのも問題解決能力が高いことになります。

つまり相対的に「問題発見」の能力は低くなるはず（両者のスキルが相反するため）です。

むしろ社会での「問題児」というのは問題発見が得意な可能性が高いことを意味

しています。

「問題児」というぐらいなので、まさに**問題を自ら（見つけるを通り越して）作り出しているわけで、これぞ究極の問題発見ということもできる**でしょう。

問題発見型の人は「教育」では育たない？

ここまで両者の比較を見ていると、問題解決型のスキルや価値観というのはこれまでの学校や会社での優秀さとほぼ同じであることがおわかりだと思います。それでは学校で教えることを問題発見型に変えればよいのかといえば、話はそれほど簡単ではありません。

なぜなら、そもそも集合教育で育成される価値観は多数派を前提としているものであり、構造的に集合教育で問題発見型の人材を育てるというのはある意味で自己矛盾になるのです。

それでは問題発見型の人を活かすにはどうすればよいのかといえば、むしろ**「育てるという他動詞」ではなく、「育つという自動詞」を重視すべき**です。問題解決では言われたことはそのまま受け入れる受動的な人でも成長の余地がありますが、問題発見は純粋に能動的な行為です。

したがって、本書でここまで述べてきた内容も、自らそれを手にして実践に移そうという人にとっては問題発見力を鍛えるための材料としては役に立つことは大きいと思いますが、受動的であれば実践に移すのは難しいでしょう。

ただし、そもそも本を読むという行為はたぶんに能動的であることがほとんどです。

「本を読め」と言う人は世に多いですが、「言われたから読む」人は実は少ないのではないでしょうか。「○○さんに言われて本を読んだ」という人はたくさんいますが、この場合でも、そもそも当人に能動的な読書の習慣がある場合に次に読む本の候補として「誰かに言われた（薦められた）」本を読むだけであって、そもそも読書の習慣がない人は他人に何か本を薦められても読むことすらないでしょう。

子ども時代の思考回路を抑圧しない

さらに、学校や企業における**集合教育やＯＪＴ（企業内教育）に関しては、「そもそもいる人の個性を殺さない」という方向が好ましい**と思われます。

なぜなら、そもそも問題発見型の人は世の主流になる必要がないことと、もともと一定の割合で、特に**子ども時代にはそういう思考回路の人がいるのに、社会生活や集団生活で抑圧されていることが多い**からです（集団生活で必要なのは、常識を身に付けた協調性がある、問題解決型の人間です）。

会社でも学校でも、問題発見型の人間は仲間とは一線を画し、自分を殺して集団生活に無理やり合わせていることも多いのではないでしょうか？

特に画一性を重視して「出る杭を打つ」文化を尊んできた日本社会ではこのような人たちは、仕方なく集団生活から脱落するか、自然に問題解決型の思考回路に自分を合わせていくことがサバイバルのために必要なことだったはずです。

本書での狙いの一つも、そもそも本書で語っている問題発見型の思考回路を持っている人に市民権を獲得してもらい、大手を振って発信や行動をしてもらうことであり、会社や組織においても存在意義を見つけたり、（上司側の立場でいえば）そのような部下の個性を伸ばしてもらうことにあります。

実は**問題発見力は鍛えるのではなく、「必要以上に抑圧しない」ことの方が重要**なのかも知れません。

23　問題発見力を上げるために普段から意識しておくこと

問題発見力を上げるには？

問題発見のための思考回路は、問題解決のための思考回路とは場合によっては180度まったく逆向きになるようなものでした。

このために問題解決型の思考を鍛えるのとは異なり、**能動性が鍵となる**ことは先に示した通りですが、この他にも問題発見のために普段から意識しておくべきことがいくつかあります。

最後に問題発見力を向上させるために必要な思考回路の転換について、本書をまとめて振り返る意味で述べておきます。

・ネガティブからポジティブへ

私たちが日常生活で問題を発見する際には、ポジティブなものよりもネガティブな場面においての方が圧倒的に見つけやすいといってよいでしょう。

たとえば、第3章で述べたレストランの机上にあるアンケート用紙にクレームを記入する例の原因の一つは日本人が製品やサービスに対しての要求が他国に比べて厳しいといわれているので、このような「粗探し」が得意だということも考えられます。

このようなクレームや文句はそのまま放置すれば単なるネガティブな状態で終わりますが、これを**製品やサービスの前向きな改善機会ととらえれば、すべてが解決**

すべき問題に変わります。

この日本人の「完璧主義に基づく粗探し」をポジティブに変えたわかりやすい例が、これまで世界を席巻してきた自動車や電気製品と言えるでしょう。この場合、ネガティブな顧客のクレームや要求を見事にポジティブな「改善」へと変えて**KAIZENとして世界に広めたのは、日本が誇るべき成功例**と言えます。

……と、ここまでは企業の改善においてはうまくいきますが、これがネガティブなままで終わってしまうことが多いのが個人の世界です。

SNSの世界での「完璧主義の正義感」によって、失敗したり失言した個人をあたかも「欠陥商品」のごとくクレームしまくることは、ポジティブ側に変わることなくネガティブなままで終わることが多いために、これは大量の問題が発生しっぱなしで終わってしまいます。

企業に関しては、クレームというネガティブな問題がポジティブに変換していくプロセスがうまくまわりますが、個人においてはそううまくはいきません。

他人からあからさまに自らの欠点を指摘されて（たとえそれが「本人のために言って

いる」という名目であったとしても）、それを簡単にポジティブな改善に変えられる人は極めて少数派で、大抵の人はネガティブで終わってしまうことでしょう。

・他人から自分へ

ではどうすればよいのかと言えば、**「ついつい向けたくなる」他人の問題への矛先をすべて自分に向けてみる**のが、簡単な「解決できる問題の発見」につながっていきます。

他人の問題を見つけるのは、自分の問題を見つけるよりはるかに簡単です（それは前回の「メタ認知」のように、他人は客観的に見られるのに自分は主観的にしか見られないからです）。

「人のふり見て我がふり直せ」とはよく言ったもので、**他人に見つけた問題を自分の問題として改善につなげていけば、ネガティブな問題がポジティブな改善へと変わっていく**というわけです。

これに限らず、**ことわざや格言というのはこのようにバイアスをリセットしてメ**

タ認知につなげる力を持っています。このような格言の活用も一つの問題発見へのヒントと言えます。

問題を発見すれば解決したも同然

ここまでお話ししてきたように、ある意味で解決できない問題は発見しても意味がないとも言えます。

逆に言えば、**問題を発見するというのは、初めから解決できる方向性を想定した上での問題として定義することを前提にしておく**のが必須です。

これに関して「明確に問題を述べることができればすでに半分解決されたようなものである」というアメリカの発明家チャールズ・ケタリングの言葉を紹介しておきましょう。これは先の内容に関連して言えば、半分正しく半分はそうではないことになります。

つまり、常に解決することを前提に自分でコントロールできることを前提に問題を見つけて、それを定義していく姿勢を持っていれば、発見した問題はすぐに解決に向かっていきます。

問題を定義するとは、本書の言葉で言えば問題の変数を定義するということです。ここで言う「変数」というのはビジネスで言えば「単位時間当たりのアクセス数」とか「若年世代のリピート率」といったものです。

たとえば、常に矛先を自分や自社に向けて、自らをどう変化させ、能動的に自分以外の世界に働きかけていくかを考えている人にとっては、そのための「変数」を見つけてしまえば、あとはそこに集中してアクションプランを考えることができるので、自然に解決につながっていくというわけです。

また、ＡＩの発展によって「変数」が決まっている定量的な問題は、簡単に解けるようになってきていることも多いので、問題の解決はＡＩに任せてしまえばよい分野も増えてきています。

このように**問題解決におけるボトルネックは、川上側の問題発見とその明確な定義へとシフトしてきている**のです。

「ＡＩに代替される仕事」が話題に上ることが多くなってきましたが、第１章でも記したように、仕事は問題発見から問題解決に至る一連のプロセスで言えば、川下側の仕事ほどＡＩやロボットが置き換えやすい仕事になります。

ぜひ本書の内容を活かして、皆さんの今やっていることを少しずつでも川上側へとシフトできるように、新しい目で物事を見て自ら考える姿勢を定着させてください。

おわりに

最後までお読みいただきありがとうございました（もし私自身のように、本は「はじめに」と「おわりに」を最初に読んでから本文を読み始めるという習慣の方がいたら、ぜひここで終わらずに本文も読んでみてください）。

「正解のない」ＶＵＣＡの時代に多くの人たちが「正解がある」前提の教育を見直そうという提案をしていますが、さらにこれをさかのぼれば、私たちがいかに「問題が与えられた状況」にこれまで慣れてきたかに改めて気づかされます。

学校に行けば演習問題がある、会社に行けば上司から問題が与えられる、会社の仕事は顧客や親会社から与えられる……。

本書は現代新書のＷｅｂサイトにてちょうど新型コロナウィルスによる緊急事態

宣言が発令された4月から解除される5月下旬までの期間と重なって連載された記事に加筆・修正を加えて新書化したものです。

まさに人類まれにみる世界的な危機に直面し、自らの仕事や生活が大きく変化した時期と重なっての問題発見に関する連載は、著者自身としても様々な変化の中で次の解くべき問題を見つけ、それを「次の世界」につなげるための自問自答のきっかけとなりました。

これからの世界はどうなっていくのでしょうか?

・旅行業界、飲食業界、イベント業界はどのような進化を遂げるのか?
・一旦閉じられた国境がどのように開いていくのか?
・その結果としての国際情勢や経済はどのように変化していくのか?
・その中でテクノロジーはどのような役割を果たすのか?
・それらの集大成として私たちの生活はどのように進化するのか?

……まさに来年すらもどうなるか全くわからない現在の状況は、自らの新たな問題を見つけ、それを解決して将来を切り開いていく千載一遇のチャンスと言えます。

このような変化の激しい時代には、うまく能動的に対応した人と全て受動的になって乗り遅れた人との差が特に大きく開きます。チャンスを逃さないよう、読者の皆さんに本書を活かしてもらえればと思っています。

連載に先立っての「問題発見」という本書のテーマの企画提案時よりWeb連載の開始から書籍化まで、講談社の木所隆介さんには終始お世話になりました。「新型コロナ問題発生後」の著者としての最初の出版に何とかこぎつけることができたことに感謝致します。

著者

N.D.C. 335　198p　18cm
ISBN978-4-06-520890-8

講談社現代新書　2580
問《もん》題《だい》発《はっ》見《けん》力《りょく》を鍛《きた》える
二〇二〇年八月二〇日第一刷発行　二〇二四年一二月三日第七刷発行

著者　細谷《ほそや》　功《いさお》

発行者　篠木和久
発行所　株式会社講談社
東京都文京区音羽二丁目一二―二一　郵便番号一一二―八〇〇一
電話　〇三―五三九五―三五二一　編集（現代新書）
〇三―五三九五―五八一七　販売
〇三―五三九五―三六一五　業務
装幀者　中島英樹
印刷所　株式会社ＫＰＳプロダクツ
製本所　株式会社ＫＰＳプロダクツ
定価はカバーに表示してあります　Printed in Japan

「講談社現代新書」の刊行にあたって

教養は万人が身をもって養い創造すべきものであって、一部の専門家の占有物として、ただ一方的に人々の手もとに配布され伝達されうるものではありません。

しかし、不幸にしてわが国の現状では、教養の重要な養いとなるべき書物は、ほとんど講壇からの天下りや単なる解説に終始し、知識技術を真剣に希求する青少年・学生・一般民衆の根本的な疑問や興味は、けっして十分に答えられ、解きほぐされ、手引きされることがありません。万人の内奥から発した真正の教養への芽ばえが、こうして放置され、むなしく滅びさる運命にゆだねられているのです。

このことは、中・高校だけで教育をおわる人々の成長をはばんでいるだけでなく、大学に進んだり、インテリと目されたりする人々の精神力の健康さえもむしばみ、わが国の文化の実質をまことに脆弱なものにしています。単なる博識以上の根強い思索力・判断力、および確かな技術にささえられた教養を必要とする日本の将来にとって、これは真剣に憂慮されなければならない事態であるといわなければなりません。

わたしたちの「講談社現代新書」は、この事態の克服を意図して計画されたものです。これによってわたしたちは、講壇からの天下りでもなく、単なる解説書でもない、もっぱら万人の魂に生ずる初発的かつ根本的な問題をとらえ、掘り起こし、手引きし、しかも最新の知識への展望を万人に確立させる書物を、新しく世の中に送り出したいと念願しています。

わたしたちは、創業以来民衆を対象とする啓蒙の仕事に専心してきた講談社にとって、これこそもっともふさわしい課題であり、伝統ある出版社としての義務でもあると考えているのです。

一九六四年四月　野間省一

哲学・思想Ⅰ

66 哲学のすすめ——岩崎武雄
159 弁証法はどういう科学か 三浦つとむ
501 ニーチェとの対話——西尾幹二
871 言葉と無意識——丸山圭三郎
898 はじめての構造主義 橋爪大三郎
916 哲学入門一歩前——廣松渉
921 現代思想を読む事典 今村仁司 編
977 哲学の歴史——新田義弘
989 ミシェル・フーコー 内田隆三
1001 今こそマルクスを読み返す 廣松渉
1286 哲学の謎——野矢茂樹
1293 「時間」を哲学する——中島義道
1315 じぶん・この不思議な存在——鷲田清一
1357 新しいヘーゲル——長谷川宏
1383 カントの人間学——中島義道
1401 これがニーチェだ——永井均
1420 無限論の教室——野矢茂樹
1466 ゲーデルの哲学——高橋昌一郎
1575 動物化するポストモダン 東浩紀
1582 ロボットの心——柴田正良
1600 ハイデガー＝存在神秘の哲学——古東哲明
1635 これが現象学だ——谷徹
1638 時間は実在するか 入不二基義
1675 ウィトゲンシュタインはこう考えた 鬼界彰夫
1783 スピノザの世界——上野修
1839 読む哲学事典——田島正樹
1948 理性の限界——高橋昌一郎
1957 リアルのゆくえ——大塚英志 東浩紀
1996 今こそアーレントを読み直す——仲正昌樹
2004 はじめての言語ゲーム——橋爪大三郎
2048 知性の限界——高橋昌一郎
2050 超解読！ はじめてのヘーゲル『精神現象学』 竹田青嗣 西研
2084 はじめての政治哲学 小川仁志
2099 超解読！ はじめてのカント『純粋理性批判』 竹田青嗣
2153 感性の限界——高橋昌一郎
2169 超解読！ はじめてのフッサール『現象学の理念』——竹田青嗣
2185 死別の悲しみに向き合う——坂口幸弘
2279 マックス・ウェーバーを読む——仲正昌樹

A

哲学・思想Ⅱ

13 論語──貝塚茂樹
285 正しく考えるために 岩崎武雄
324 美について──今道友信
1007 日本の風景・西欧の景観──オギュスタン・ベルク 篠田勝英 訳
1123 はじめてのインド哲学 立川武蔵
1150 「欲望」と資本主義──佐伯啓思
1163 「孫子」を読む──浅野裕一
1247 メタファー思考──瀬戸賢一
1248 20世紀言語学入門 加賀野井秀一
1278 ラカンの精神分析──新宮一成
1358 「教養」とは何か──阿部謹也
1436 古事記と日本書紀 神野志隆光
1439 〈意識〉とは何だろうか 下條信輔
1542 自由はどこまで可能か 森村進
1544 倫理という力──前田英樹
1560 神道の逆襲──菅野覚明
1741 武士道の逆襲──菅野覚明
1749 自由とは何か──佐伯啓思
1763 ソシュールと言語学──町田健
1849 系統樹思考の世界──三中信宏
1867 現代建築に関する16章 五十嵐太郎
2009 ニッポンの思想──佐々木敦
2014 分類思考の世界──三中信宏
2093 ウェブ×ソーシャル×アメリカ 池田純一
2114 いつだって大変な時代──堀井憲一郎
2134 いまを生きるための思想キーワード──仲正昌樹
2155 独立国家のつくりかた 坂口恭平
2167 新しい左翼入門──松尾匡
2168 社会を変えるには──小熊英二
2172 私とは何か──平野啓一郎
2177 わかりあえないことから 平田オリザ
2179 アメリカを動かす思想 小川仁志
2216 まんが 哲学入門──森岡正博 寺田にゃんこふ
2254 教育の力──苫野一徳
2274 現実脱出論──坂口恭平
2290 闘うための哲学書──小川仁志 萱野稔人
2341 ハイデガー哲学入門 仲正昌樹
2437 ハイデガー『存在と時間』入門──轟孝夫

宗教

Ⓒ

政治・社会

経済・ビジネス

350 経済学はむずかしくない〈第2版〉——都留重人
1596 失敗を生かす仕事術 畑村洋太郎
1624 企業を高めるブランド戦略——田中洋
1641 ゼロからわかる経済の基本——野口旭
1656 コーチングの技術——菅原裕子
1926 不機嫌な職場——高橋克徳 河合太介 永田稔 渡部幹
1992 経済成長という病——平川克美
1997 日本の雇用——大久保幸夫
2010 日本銀行は信用できるか 岩田規久男
2016 職場は感情で変わる 高橋克徳
2036 決算書はここだけ読め！——前川修満
2064 決算書はここだけ読め！ キャッシュ・フロー計算書編 前川修満
2125 ビジネスマンのための「行動観察」入門 松波晴人
2148 経済成長神話の終わり アンドリュー・J・サター 中村起子 訳
2171 経済学の犯罪——佐伯啓思
2178 経済学の思考法——小島寛之
2218 会社を変える分析の力 河本薫
2229 ビジネスをつくる仕事 小林敬幸
2235 20代のための「キャリア」と「仕事」入門——塩野誠
2236 部長の資格——米田巖
2240 会社を変える会議の力 杉野幹人
2242 孤独な日銀——白川浩道
2261 変わった世界 変わらない日本——野口悠紀雄
2267 「失敗」の経済政策史 川北隆雄
2300 世界に冠たる中小企業 黒崎誠
2303 「タレント」の時代——酒井崇男
2307 AIの衝撃——小林雅一
2324 〈税金逃れ〉の衝撃 深見浩一郎
2334 介護ビジネスの罠——長岡美代
2350 仕事の技法——田坂広志
2362 トヨタの強さの秘密 酒井崇男
2371 捨てられる銀行——橋本卓典
2412 楽しく学べる「知財」入門——稲穂健市
2416 日本経済入門——野口悠紀雄
2422 捨てられる銀行2 非産運用——橋本卓典
2423 勇敢な日本経済論——髙橋洋一 ぐっちーさん
2425 真説・企業論——中野剛志
2426 東芝解体 電機メーカーが消える日 大西康之

知的生活のヒント

78 大学でいかに学ぶか　増田四郎
86 愛に生きる――鈴木鎮一
240 生きることと考えること　森有正
297 本はどう読むか――清水幾太郎
327 考える技術・書く技術―板坂元
436 知的生活の方法――渡部昇一
553 創造の方法学――高根正昭
587 文章構成法――樺島忠夫
648 働くということ――黒井千次
722 「知」のソフトウェア――立花隆
1027 「からだ」と「ことば」のレッスン――竹内敏晴
1468 国語のできる子どもを育てる――工藤順一

1485 知の編集術――松岡正剛
1517 悪の対話術――福田和也
1563 悪の恋愛術――福田和也
1620 相手に「伝わる」話し方　池上彰
1627 インタビュー術!――永江朗
1679 子どもに教えたくなる算数　栗田哲也
1865 老いるということ――黒井千次
1940 調べる技術・書く技術―野村進
1979 回復力――畑村洋太郎
1981 日本語論理トレーニング――中井浩一
2003 わかりやすく〈伝える〉技術――池上彰
2021 新版　大学生のためのレポート・論文術――小笠原喜康
2027 地アタマを鍛える知的勉強法――齋藤孝

2046 大学生のための知的勉強術――松野弘
2054 〈わかりやすさ〉の勉強法――池上彰
2083 人を動かす文章術――齋藤孝
2103 アイデアを形にして伝える技術――原尻淳一
2124 デザインの教科書――柏木博
2165 エンディングノートのすすめ――本田桂子
2188 学び続ける力――池上彰
2201 野心のすすめ――林真理子
2298 試験に受かる「技術」――吉田たかよし
2332 「超」集中法――野口悠紀雄
2406 幸福の哲学――岸見一郎
2421 牙を研げ　会社を生き抜くための教養　佐藤優
2447 正しい本の読み方　橋爪大三郎

趣味・芸術・スポーツ

620 時刻表ひとり旅——宮脇俊三
676 酒の話——小泉武夫
1025 J・S・バッハ——礒山雅
1287 写真美術館へようこそ——飯沢耕太郎
1404 踏みはずす美術史——森村泰昌
1422 演劇入門——平田オリザ
1454 スポーツとは何か——玉木正之
1510 最強のプロ野球論——二宮清純
1653 これがビートルズだ 中山康樹
1723 演技と演出——平田オリザ
1765 科学する麻雀——とつげき東北
1808 ジャズの名盤入門——中山康樹
1890 「天才」の育て方——五嶋節
1915 ベートーヴェンの交響曲——金聖響 玉木正之
1941 プロ野球の一流たち 二宮清純
1970 ビートルズの謎——中山康樹
1990 ロマン派の交響曲——金聖響 玉木正之
2007 落語論——堀井憲一郎
2045 マイケル・ジャクソン——西寺郷太
2055 世界の野菜を旅する 玉村豊男
2058 浮世絵は語る——浅野秀剛
2113 なぜ僕はドキュメンタリーを撮るのか——想田和弘
2132 マーラーの交響曲——金聖響 玉木正之
2210 騎手の一分——藤田伸二
2214 ツール・ド・フランス 山口和幸
2221 歌舞伎 家と血と藝 中川右介
2270 ロックの歴史——中山康樹
2282 ふしぎな国道——佐藤健太郎
2296 ニッポンの音楽——佐々木敦
2366 人が集まる建築——仙田満
2378 不屈の棋士——大川慎太郎
2381 138億年の音楽史 浦久俊彦
2389 ピアニストは語る ヴァレリー・アファナシエフ
2393 現代美術コレクター 高橋龍太郎
2399 ヒットの崩壊——柴那典
2404 本物の名湯ベスト100 石川理夫
2424 タロットの秘密——鏡リュウジ
2446 ピアノの名曲——イリーナ・メジューエワ

自然科学・医学

1141 安楽死と尊厳死——保阪正康
1328 「複雑系」とは何か——吉永良正
1343 カンブリア紀の怪物たち サイモン・コンウェイ・モリス 松井孝典 監訳
1500 科学の現在を問う 村上陽一郎
1511 優生学と人間社会——米本昌平 松原洋子 橳島次郎 市野川容孝
1689 時間の分子生物学——粂和彦
1700 核兵器のしくみ——山田克哉
1706 新しいリハビリテーション 大川弥生
1786 数学的思考法——芳沢光雄
1805 人類進化の700万年 三井誠
1813 はじめての〈超ひも理論〉 川合光
1840 算数・数学が得意になる本 芳沢光雄
1861 〈勝負脳〉の鍛え方——林成之
1881 「生きている」を見つめる医療——中村桂子 山岸敦
1891 生物と無生物のあいだ 福岡伸一
1925 数学でつまずくのはなぜか 小島寛之
1929 脳のなかの身体——宮本省三
2000 世界は分けてもわからない 福岡伸一
2023 ロボットとは何か——石黒浩
2039 ソーシャルブレインズ入門 藤井直敬
2097 〈麻薬〉のすべて——船山信次
2122 量子力学の哲学——森田邦久
2166 化石の分子生物学——更科功
2191 DNA医学の最先端 大野典也
2204 森の力——宮脇昭
2219 宇宙はなぜこのような宇宙なのか——青木薫
2226 宇宙生物学で読み解く「人体」の不思議——吉田たかよし
2244 呼鈴の科学——吉田武
2262 生命誕生——中沢弘基
2265 SFを実現する——田中浩也
2268 生命のからくり——中屋敷均
2269 認知症を知る——飯島裕一
2292 認知症の「真実」——東田勉
2359 ウイルスは生きている 中屋敷均
2370 明日、機械がヒトになる 海猫沢めろん
2384 ゲノム編集とは何か 小林雅一
2395 不要なクスリ 無用な手術 富家孝
2434 生命に部分はない——A・キンブレル 福岡伸一 訳